淡海《おうみ》文庫 73

サンライズ出版

草津本陣風土記

田中房聞書き

青木 健作 著

SUNRISE

郵 便 は が き

お手数ながら切手をお貼り下さい

5 2 2-0 0 0 4

滋賀県彦根市鳥居本町 655-1

サンライズ出版 行

〒

■ご住所

■お名前《ふりがな》 ■年齢 歳 男・女

■お電話 ■ご職業

■自費出版資料を 希望する ・ 希望しない

■図書目録の送付を 希望する ・ 希望しない

サンライズ出版では、お客様のご了解を得た上で、ご記入いただいた個人情報を、今後の出版企画の参考にさせていただくとともに、愛読者名簿に登録させていただいております。名簿は、当社の刊行物、企画、催しなどのご案内のために利用し、その他の目的では一切利用いたしません（上記業務の一部を外部に委託する場合があります）。

【個人情報の取り扱いおよび開示等に関するお問い合わせ先】
サンライズ出版 編集部 TEL.0749-22-0627

■愛読者名簿に登録してよろしいですか。 □はい □いいえ

ご記入がないものは「いいえ」として扱わせていただきます。

愛読者カード

ご購読ありがとうございました。今後の出版企画の参考にさせていただきますので、ぜひご意見をお聞かせください。なお、お答えいただきましたデータは出版企画の資料以外には使用いたしません。

●書名

●お買い求めの書店名（所在地）

●本書をお求めになった動機に○印をお付けください。

1．書店でみて　2．広告をみて（新聞・雑誌名　　　　　　）
3．書評をみて（新聞・雑誌名　　　　　　）
4．新刊案内をみて　5．当社ホームページをみて
6．その他(　　　　　　)

●本書についてのご意見・ご感想

購入申込書　小社へ直接ご注文の際ご利用ください。お買上 2,000 円以上は送料無料です。

書名　（　　冊）

書名　（　　冊）

書名　（　　冊）

新版刊行にあたって

草津市歴史文化活用調整員　八杉　淳

江戸時代、草津宿は東海道と中山道の合流点。天保年間には本陣が二軒、脇本陣が二軒、旅籠屋《はたご》七十一軒を数え、参勤交代の一行をはじめ多くの旅人が行き交いました。二軒の本陣のうち、田中九蔵《たなかくぞう》本陣は明治に入ると草津小学校の前身である知新《ちしん》学校となり、以後そのすがたは見ることはできません。もう一軒、現存する田中七左衛門《しちざえもん》本陣は、明治十二年（一八七九）に栗太《くりた》郡役所として、その後は昭和四十年代まで医院や公民館として利用されてきました。聞き書きにもありますが、昭和八年（一九三三）には明治天皇の聖蹟として「史蹟明治天皇草津行在所《あんざいしょ》」に指定されます。しかし、戦後になって昭和二十三年（一九四八）にはその聖蹟としての指定が解除され、翌二十四年には貴重な近世の交通遺構として国の史跡「史跡草津宿本陣」に指定されました。

江戸時代の初期から本陣職を勤め、二百有余年間にわたり草津宿において東海道や中山道を往来する大名をはじめとする貴顕の休泊を請けてきた田中七左衛門家。明治三年（一八七〇）本陣・脇本陣の名目が廃止されて以降は、田中七左衛門本陣は、新たな歴史を歩みながら、代々の田中家によって今日まで守り伝えられてきました。明治になって、大名などの貴顕の休泊に供するという役割を終えてから、本陣という由緒と歴史ある大きな建物を守り伝えるという労苦を、本書で田中房さんは淡々と語っておられます。

草津宿本陣は、江戸時代の資料で東海道の宿場や街道について書き上げた「東海道宿村大概帳《しゅくそんたいがいちょう》」によれば、東海道筋では本陣の建坪の規模としては鳴海宿《なるみ》（名古屋市）に次いで二番目の大きさとなっています。いま、鳴海宿には本陣が残っていませんので、聞き書きのなかで房さんが言っておられるように現存する本陣としては東海道筋では最大規模といえます。こうした本陣建物が完全なすがたを残し、本陣職を勤めた田中

史跡草津宿本陣開門式
（平成８年４月26日　草津宿街道交流館提供）

家が今なお続いていること、さらにこの本陣には古文書や古記録など貴重な歴史資料も数多く残っていることは、江戸時代の街道交通の研究対象としても非常に稀《け》有《う》な例であるといえます。

本陣の建物は、昭和十四年（一九三九）に明治天皇聖蹟当時の修理がおこなわれて以降、平成元年までは、田中家が個人で守ってこられましたが、五十年を経て傷《いた》みなどが進んでいたことから、平成元年（一九八九）から平成八年まで、江戸時代の交通遺構としての保存整備工事が行われ、平成八年四月から整備が終わった主屋部や住居部は、草津市によって一般に公開されています。

少し私ごとになりますが、昭和五十八年（一九八三）にご縁があって草津の歴史の編さんに携わることになりました。草津宿本陣の房さんとのご縁もそのときからです。『草津市史』編さんの本陣資料調査はすでに終わっており、この調査には携わっていませんが、ことあるごとに房さんにお電話、もしくは訪ねていって資料の閲覧や見学、マスコミ取材のお願いをしていたことを思い出します。いつも気軽に「はい、どうぞ」といってくださり、一か月先、一週間先の予定をどこかに書き留めておられるのか、その日、その時間には必ず開けて待っていてくださいました。そして、説明をお願いした際には流暢《りゅうちょう》な語りで玄関広間から順に案内をしてくださるのですが、途中で質問などがあっても質問に応え、ふたたび説明が流暢に続いていきます。これは次代の田中文子《ふみこ》先生も同じで、草津宿本陣田中家の伝統であるかのようでした。取材をされた青木健作氏も、おそらく房さんの流暢な語りを聞き取られたことと推察します。房さんが亡くなられたのが平成元年六月のことですので、私自身とはわずか数年の接点ではありましたが、房さんが先代からの言い伝えや自ら調べられた語りを聞き取ることは、後年になって調査させていただいた多くの文献資料にも記されていない貴重な歴史を知ることで、交通史を学ぶ者にとってはこの上ない喜びでもあると思っています。

草津市が平成三十年（二〇一八）度から四年をかけて草津宿歴史資料調査をおこないました。私が草津とご縁ができたころ以上の一万三千点にものぼる多くの資料の目録化ができています。房さんの語りに出てくる内容の資料もありましたし、新たな発見も数多くありました。房さんもおそらくご存じだったでしょうが、説明の時間の配慮などからお話に登場しなかったのかもしれません。ただ、この歴史資料調査は目録化ができたということですので、草津宿本陣や草津宿研究の端緒を開いたに過ぎません。今後、さらに資料の内容を分析し研究を進めることで、房さんのお話を思い出すとともに、草津宿本陣の歴史をより正確に後世に伝えていくことが大切であると思っています。

最後になりますが、かつて青木健作氏が房さんからされた聞き書きの版が途絶えていましたが、このほど淡海文庫として新版が刊行されることになり、草津宿本陣を守り伝えてこられた田中房さんの生の声をより多くの方に読み取っていただけることを願っています。

（前草津市立草津宿街道交流館長・草津宿本陣館長）

目次

本書は、昭和60年（1985）に地平社が発行、創樹社が発売した青木健作著『現代〈かたりべ〉双書5　草津本陣風土記　田中房聞書き』の新版である。

新版の制作にあたって明白な誤字・脱字は修正し、現状や現在の研究成果から見て注釈が必要と思われる箇所には＊を振り、左に解説を加えた。

また、掲載写真はすべて改めた。写真については、本陣田中家から提供を受けたものを使用したが、それ以外のものは提供先を明記した。巻末に関連年表と地図を新たに追加した。

まえがき

田中房《ふさ》さんは、滋賀県草津市にある「草津本陣」（国史跡）のおばあさんである。はたちのときに隣の守山市から本陣十五代目に嫁いだ房さんは、日露戦争のあった明治三十八年生まれで、ことし八十歳。

本陣というのは、江戸時代に参勤交代の大名、宮家、幕府の要人などが泊まった宿で、草津本陣に残る宿帳には忠臣蔵の吉良上野介《きらこうずけのすけ》やドイツの博物学者シーボルトが泊まり、幕末には皇女和宮《かずのみや》が昼食のために立寄ったと記録されている。明治三年に本陣が廃止されたのちも明治天皇が泊まっている。

敷地約一三〇〇坪（四三〇〇平方メートル）、建物約四六八坪（一五四〇平方メートル）、大名などが休んだ居間など三〇ほどの部屋がすべて使用した当時のまま残されているが、本陣としてはわが国最大級のものだったといわれる。白壁の土蔵も四棟残っている。

この家の女主人である田中房さんは、高齢とはいえ見学者があれば本陣を案内し、本陣の故事来歴を説明しておられるが、年号などたいがいのことは諳《そら》んじ、名ガイドぶりを発揮される。

私は十年ほど前に雑誌の取材で草津本陣を訪ね、房さんの案内でひとわたり見学させていただいたイキサツがある。そのとき房さんは、本陣の歴史を詳細に説明されたが、表舞台で脚光を浴びてきた本陣の歴史もさることながら、私は案内している房さんその人にむしろ興味をもった。

駕籠《かご》に乗った大名や天皇のことは「正史」のなかで縷々《るる》物語られるが、駕籠をかついだ常民の側の下積みの暮らしが語られることはきわめて少ない。玄関の板の間に跪《ひざまず》いて「高貴な人たち」を迎えた側の生活記録といったものはなおざりにされている。

私が関心をもつのは、どちらかといえば、息を殺して暮らしたその庶民たちの日々の営みの方である。

藩の庇護をうけ、苗字帯刀をゆるされて本陣職をつとめた家を〝庶民〟といえるかどうかは別としても、支配層と被支配層の接点にあったこの本陣を舞台に、さまざまな人間ドラマが交錯したことは容易に想像される。

田中房さんが本陣に嫁いできたのは大正末期であるから、江戸時代の本陣のことを直接知っているわけではないが、先代から古い話を聞かされる機会もあっただろうし、なんといっても歴史の集積した本陣の中で実際に暮らしを立てている人なのである。

私は十年前に訪れたとき、房さんの暮らしに興味を抱きながら、ひととおりの説明を聞いただけで心残りなまま帰った。そうして、そのうちもう一度訪ねたいと思いながら、その機会もなく十年経ったことになる。

地平社から《現代かたりべ双書》の企画の相談を受けたとき、田中房さんのことをふと思い出し、ぜひ取り上げてみたいと思った。文久元年生まれのおじいさんからの受け売りをしゃべってもらうだけでもおもしろい。私は早速、手紙で双書の趣旨を説明して取材を申し込んだが、ニベもなく断わられた。

「わたしには人様に自慢ができる話はありません。本陣の建物は昔のまま残り、史跡の指定を受けていますが、家は明治維新後没落し、話をしても恥をさらすだけであります。ほかの方に変えられた方がよろしいと思います」

断わられると、余計にひきさがれなくなる。

明治維新後、時代の流れと共に没落したというなら、その没落の道程もまた歴史というものであろう。

房さんに手紙や電話で何度お願いしてもラチがあかないので、同居している長女の文子さんにもお母さんを説得してほしいとたのんだが、色よい返事は頂けなかった。

私は承諾を得ないまま、当たってくだけろで、草津本陣に出向いて房さんに会ってみることにした。新幹線で米原へ行き、東海道線の京都行きの鈍行に乗りかえた。

田圃のところどころに雪が残り、曇天《どんてん》で琵琶湖のあたりが灰色にくもった、二月中旬の底冷えする寒い日であった。草津駅で下車して本陣を訪ねると、「人に話すような自慢話はない」と躊躇《ちゅうちょ》していた房さんも、さすがに同情してか承知された。当たってくだけろが功を奏したわけであるが、このときの照れくさそうな笑顔は忘れられな

「史跡草津宿本陣」の表門（草津宿本陣提供）

い。

房さんは、信心深い、飾り気のない、爽やかな人柄のひとである。家柄を自慢することもないし、経済的な没落を嘆くこともないし、すべて淡々と他人ごとのように語られた。八十年の長い旅をしてきました、といわれた言葉が妙に心に残っている。

房さんは高齢であり、老朽化のめだつ本陣を維持管理してゆくのは容易でないと話しておられた。史跡に対する国の保護政策はどういうものなのか、私のような門外漢にはわからないが、東海道屈指の本陣といわれた遺構なのだから、国の力でもうちょっと手厚い扱いはできないのだろうか——。

私は昭和五十六年秋、雑誌のしごとでポーランドのグダニスクとワルシャワを旅行した。ワルシャワはナチスの侵略で壊滅的に破壊されたが、第二次大戦後、旧市街は旧態のままに復興された。たいへんな費用と労力をついやして、建物の彫刻まで復元したという説明であった。

私が旅行したのはポーランドに戒厳令のしかれる直前であったが、ワルシャワは戦後の日本のように食料不足で、パン屋でも肉屋でも買物に行列していた。そこで、焼け野原に古い街並みを復元したという話を聞いて、この街の人々の心意気に触れたようで感動したものだった。

今は新しいものを追い求めて、過去を顧みようとしない時代である。戦後の日本はひたすら新しいものを追い求めることによって金持ちになったが、金持ちになったとたんに古いものを顧みる心意気を失ったようである。本陣の老朽化を目《ま》の当たりに見ながら、なるほどその維持管理は大変だろうと思った。壁を繕《つくろ》うために泥をこねているおばあさんの孤軍奮闘は思っただけでもかわいそうである。

房さんには、房さんご自身の「常民の話」（庶民生活とかけはなれた〝常民〟らしくない話が多かったが、一女性の生活史としてはたいへん興味深いものがあった）ばかりでなく「大名の話」も聞かせていただいたが、同じ大名の話でも江戸時代からつづく本陣のなかで聞くと、話がにわかに真実味をおびるから不思議である。

ともあれ、田中房さんにはせっかく聞書きの機会を与えていただきながら、がさつで、せっかちな私の性分のために十分に核心に触れる取材ができなかったのではないかと、原稿をまとめた後になって反省している。

房さんは、二十年前にご主人に死別され、今は屋敷の一隅に建てた別棟で長女の文子さん一家と同居しておられる。別棟には水洗便所があるが、明治生まれの房さんは、水洗便所だと川下の琵琶湖の水が汚れるのではないかと心配し、いまだに庭へ出て古い便所を使っておられる。「水を汚すとバチが当たる」というのである。

房さんという飾り気のない、爽やかなおばあさんに出会えたことを、私は幸せに思っている。房さんは、人生に迷ったときにふと訪ねていきたくなるような、そんなおばあさんである。

田中房さんと、これをまとめるに当たってお世話になった方々にお礼を申しあげねばならない。ありがとうございました。

青木健作

一九八五年三月末

一　天皇の泊まった家

宿帳に残る男たち

今から六十五年ほどまえ、大正の終わりに近いころですけど、大津高等女学校の寮にいたとき大津市内の『義仲寺《ぎちゅうじ》』を訪ねたことがありました。

このお寺に、大坂南御堂《みなみみどう》前の花屋仁左衛門《はなやにざえもん》の別宅で五一歳で漂泊のすえにこの世を去った芭蕉《ばしょう》が葬られていまして、その墓を見に行ったのでした。門人の其角《きかく》らが芭蕉の遺言によって、遺体をこの寺にはこんで葬ったんだそうです。

芭蕉の代表作に『奥の細道』というのがありますが、「月日は百代の過客にして、行きかふ年もまた旅人なり」という書き出しの一節は、娘のころから好きだったことばで、今でもひとりでふと口ずさんだりしております。そんなとき、義仲寺の芭蕉の墓へ行ったこともあったなあと、六十五年も前のおぼろな記憶をたぐり寄せてみたりするのです。

「月日は百代の過客にして、行きかふ年もまた旅人なり」

深い意味はよくわかりませんが、永遠の時の流れのなかで、人間は漂泊の旅のようにして短い一生を終わるのだという、哀切な響きのあることばだと思っています。

この草津本陣は、寛永十二年(一六三五)から始まって明治三年(一八七〇)に廃止されるまで、二百三十六年間にわたって本陣職をつとめましたが、元禄のころから年一冊ずつ書きつづった宿帳が百八十一冊残り、それには何月何日だれがこの本陣に泊まり、その一行は何人で、宿賃や茶代をいくらいただいたか、くわしく記してあります。吉良上野介《きらこうずけのすけ》や浅野内匠頭《あさのたくみのかみ》、ドイツの博物学者シーボルトなど歴史や物語に名の残る方々の記帳もあるし、地方の大名の名が何人も宿帳に記されております。

その宿帳を見るとき、それはどのような姿の方であったのだろうか、どのような生き方をしたひとであったのだろうか、そして、その家族はどんな人生を送ったのだろうかと、すでに歳月のなかに埋まってしまった人々の身の上を勝手に思い返してみる気持ちになるものです。

元禄十二年九月四日、播州赤穂《ばんしゅうあこう》の城主、浅野内匠頭の一行二十一人が泊まって銀二枚おいていったと宿帳にあり、その九日ちがいの九月十三日に吉良上野介の一行七

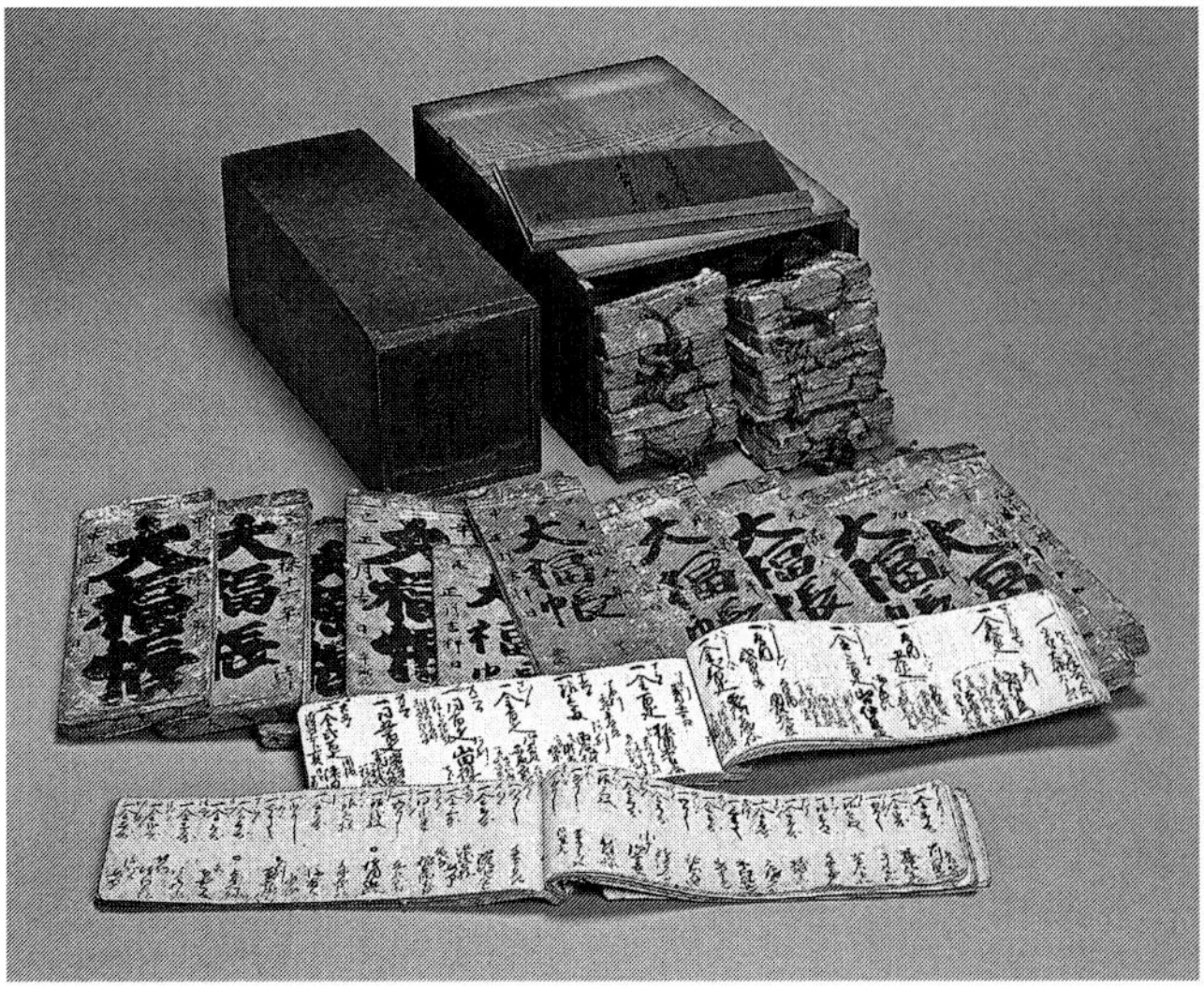

草津本陣に残されていた大福帳（草津宿本陣提供）

人が泊まり、金一分をおいていったとあります。さらに同じ年[*1]に赤穂藩家老の大石《おおいし》内蔵助《くらのすけ》が銀二匁で泊まっております。

先の運命は、三人の誰にもわからない。このときは、互いになんの恨みもなくこの本陣を通り過ぎていったはずでした。

ところが、それから二年後の元禄十四年に殿中で浅野内匠頭が吉良を傷つける刃傷《にんじょう》事件をおこし、浅野内匠頭は即日切腹を命じられたうえ領地没収となりました。そうしてその一年後の元禄十五年、大石内蔵助など赤穂四十七士が吉良上野介の邸に討入り、上野介を討ったあとそろって切腹したことは『忠臣蔵』でよく知られております。

浅野内匠頭は三十四歳、大石内蔵助は四十四歳で亡くなっていますが、どのような思いでその一度だけの人生を自ら締めくくったものか、ここに残る宿帳を見ただけではもちろん知るよしもありません。

わたしは、この本陣を見学に来られる方々を案内しながら何百回、何千回となく同じ説明をくり返していますけれど、説明しながら、この『忠臣蔵』の悲劇の男たちが、いましがた玄関の板を軋《きし》ませてあわただしく出ていったばかりのように錯覚し、ふと、いとしいひとを偲ぶような気持になることもありました。妙なものです。

江戸時代、参勤交代で江戸に行く大名が二百名ほどいて、そのうち七十名ほどの大名が草津の宿場を通ったそうですが、本陣で泊まったり休んだりするのは、大名のほか旗本、勅使《ちょくし》、宮家、公家《くげ》、幕府の役人、家老などでした。道中に病いにかかる大名もいたようで、天保十年（一八三九）四月七日、日向国《ひゅうがのくに》佐土原《さどわら》城主島津忠徹《しまづただゆき》はこの本陣で亡くなっています。

日向といえばいまの宮崎県。国を出発するときから体の具合が悪く、二人の医者が道中についてきましたが、この本陣についたとたんに倒れるほど体が衰弱していたといいます。草津でも医者を呼んだりしましたけど、その夜のうちに亡くなられた。当時は大名の跡目相続人は、当主の生存中にきめて幕府の許可を受けるきまりになっていた。ところが旅先での急死であったために跡目相続人をきめる暇がなかったのです。

それから七十日ほどの間、幕府には病気療養のため草津宿に逗留《とうりゅう》と届け、忠徹の病死をひたかくしにして相続人をきめたそうです。ドライアイスのなかった当時、本陣

＊1　同じ年の大福帳には、大石内蔵助宿泊の記録は見受けられません。

では、棺に炭などを入れたりして内密に遺骸を保管したので、その謝礼として後に日向の佐土原城主から金三百両と毎年飯米《はんまい》十俵もらうことになりました。

本陣の建物は享保三年（一七一八）に焼けたために膳所《ぜぜ》城主本多《ほんだ》家から「瓦が浜御殿」を貰い受けたものでしたが、日向の佐土原城主から贈られた三百両で大名などが泊まられた「上段の間」の建てかえをやりました。飯米十俵は、明治の廃藩まで毎年送られてきたそうです。

ドイツの博物学者・医学者であったシーボルトが泊まったことも、所蔵の文政九年（一八二六）の宿帳に記されております。

オランダ商館の医師として文政六年に長崎に着任したシーボルトは、文政九年正月九日、オランダ使節一行といっしょに長崎を発《た》って二十七日目に大坂に着き、京都で地図などを買ったあと琵琶湖沿いに草津へ入りました。近江八景の美しさをたたえ、草津では「神護丸」「万金丹」などの売薬を買い求めた、とものの本に書かれております。

シーボルトは日本に初めて西洋臨床医学を紹介した人だといわれていますが、日本滞在中に長崎丸山の遊女其扇《そのぎ》と恋愛し、やがて結婚していねという女の子をもうけました。ところがシーボルトは国の地図をもち出そうとした事件で罪に問われ、文政十二年、国外追放となって其扇といねを日本に残したまま帰国するのです。このときいねはまだ三歳でした。

国のため、領主のため、学問名誉のため、大義名分のためといって、潔く一途に生きた男たちを賞賛することよりも、ひっそりと耐えしのんで生きた封建の女たちの哀切さに同情をおぼえるのは、わたしもまた女だからでしょうか。

シーボルトの子のいねは医学を修め、のちに江戸に出て医者になり、明治三十六年（一九〇三）だかに東京の狸穴《まみあな》で波瀾の生涯を閉じたと本で読んだおぼえがありますけど、はっきりしたことはわたしにはわかりません。

天保三年（一八三二）の宿帳に、「茶壺道中」がこの本陣で小休止したということも記帳されています。

茶壺道中というのは宇治茶を将軍家に献上する一行で、権威をカサにきて威張って歩いたからどこでも嫌われたようです。精選された献上のお茶を将軍家所有の「福海」「志賀」「日暮し」「埋木」などといった名器の茶壺につめ、土用の二日前に江戸につくよう見計らって宇治を出発しましたが、茶壺が通るときには大名行列でも家来は土下座して見送らなければならなかったといいます。

街道筋では葬式や祭りは取りやめ、草津の矢倉《やぐら》村などでは農事も休んだそうです。

ずいずいずっころばし　胡麻味噌ずい
茶壺に追われて　ドッピンシャン
抜けたらドンドコショ

茶壺道中が通ると子どもたちまで身を隠したものでしょうか。わたしたちが子どものころは、かくれんぼの鬼をきめる「鬼きめ唄」としてこのわらべ歌をうたったものでしたけど、今はとんと耳にしなくなりました。

参勤交代の大名行列

本陣を出て左へ向かいますと、百メートルほど行ったところで道は二つに分かれ、その際《きわ》に丈の高い常夜灯が立っています。この常夜灯は復元したものです[*2]が、明かりを入れる火袋だけは文化十三年（一八一六）のものであります。

「右　東海道いせみち・左　中仙道美のぢ」

旅人が道に迷わんように彫ってあります。

東海道に五十三の宿場がありましたけど、草津宿は東海道と中山道の分岐点にあり、古くから賑わった宿場でした。文政二年（一八一九）の記録では、長さ一・四キロほどの宿場に本陣、脇本陣それぞれ二軒、脇本陣なみ二軒、宿屋がおよそ百八十軒あったといいます。

そのちょっと後の時代の調べでは、戸数五百八十ほどで人口は二千三百あり、宿場

＊2　常夜灯は文化十三年（一八一六）当時のもので、火袋はのちに復元されたものです。

としていかに旅人で賑わったかが想像されます。

大名行列、勅使、茶壺道中が通るばかりでなく、太平の時代がつづいて伊勢参りや物見遊山などの旅人も多く往来したことでしょう。

本陣はわたしのところの田中七左衛門《しちざえもん》本陣と田中九蔵《くぞう》本陣の二軒ありましたが、この七左衛門の本陣は明治維新まで副業として材木問屋を営んでいたので通称「木屋《きや》本陣」として知られていました。

今でも屋敷のなかに材木蔵があり、蔵に古い材木も昔のままにいくらか残っております。

九蔵本陣は、すでに取り払われて跡形もありません。

参勤交代のとき、どの大名はどの本陣に泊まるかだいたい決まっており、本陣に泊まるさいには、一年前、おそくとも五十日前に使いの役人が来て、何月何日に泊まりたいと申し込み、その日にさしつかえがなければ本陣で引き受けることになっていました。そうすると次にまた役人が来て、本陣何人、旅籠何人と「宿割り」をし、「関札《せきふだ》」をおいていく。

草津川マンポと常夜灯（明治末期　草津宿街道交流館提供）

草津川マンポと常夜灯（現在　サンライズ出版撮影）

関札はもみの大きな板に「島津筑後守宿《ちくごのかみ》」「牧野備前守宿《びぜんのかみ》」などと大書したもので、本陣はそれを保管し、泊まられる一両日前になると太い青竹の先に掲げて表門前や宿場の入口に立てたものでした。二十万石以上の大名、宮家、幕府の重職のときは表門と宿場の両側の入口、五万石以上の中位の大名は行列の入ってくる宿場の入口の「片《かた》札《ふだ》」と表門前だけ、旗本は木の札のかわりに奉書の紙札を表門に貼り出すというように身分石高《こくだか》によって関札の立てかたもちがっていました。[*3]

本陣職時代の関札が四百五十枚ほど、今も蔵に残っております。

大名の召しあがる料理についても、時には前もって「一尺二、三寸の鯛、鯉、ウナギを用意するように」といった指示があったようです。

大名が泊まる当日は、表門と玄関に家の定紋を黒く染めた幕を張り、玄関前に一対《つい》の盛り砂をし、当主はあらかじめ大名からもらい受けたその藩の紋付きの麻の上下を着て、盛り砂のそばでひざまずいて迎えました。

各大名からいただいた紋付きの麻の上下も、簞笥二サオにしまって蔵に残っており

＊3　現在の研究では、身分石高により違いはないという考え方です。

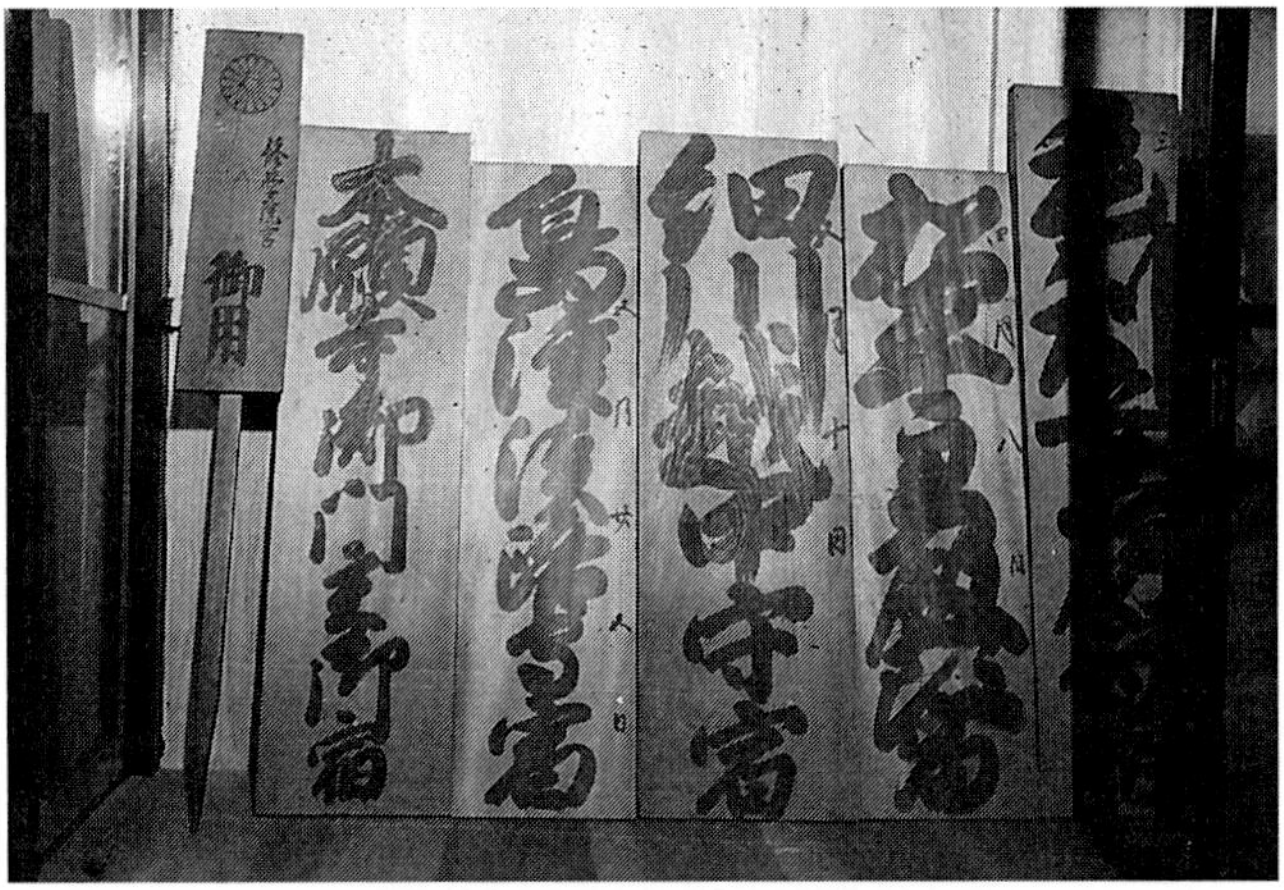

宿場の入口や表門にかかげた関札

ます。

夜には定紋のついた高張り提灯を、表門と玄関前に一対ずつ立てました。

表門を入ったすぐの左手に「ご用水」がありました。塀ぞいに流れる川から清水を引き込んだ二メートル四方の「生簀《いけす》」のようなもので、ここで大名行列などについてきた供《とも》の者が足を洗ったのです。今は取り払われていますが、それの隣り合わせに二畳ほどの板の間の「番所」があって、そこで警備の者が立番しました。

玄関は駕籠がそのまま横づけできるように十六畳の畳の間になっておりました。

大名行列は、先頭に〝露払い〟が「下に下に」と掛け声をかけて進み、一般の人びとは道の両脇の地面にひざまずいてこれを見送ったのであります。

大正十三年、わたしがこの本陣の十五代目弘一《ひろいち》に嫁いだとき、文久元年生まれの義父の森之助は六十三、四歳ほどでしたが、よく大名行列の様子などをわたしに話してくれたものでした。

「行列の供の数は、石高によって何人と決められていた。二十万石以上の大名は、騎士十五人から二十人まで、足軽百二三十人、仲間《ちゅうげん》人足二百五十人から三百人までで、多すぎても少なすぎてもだめだった。みな手ぶらで行くわけじゃない。槍、薙刀《なぎなた》、金の紋の付いた挟箱《はさみばこ》、柄の長い日傘、鉄砲、長持ちなどを供のものが運んだ。大名は参勤交代で莫大な金をつかったが、本陣もそのまかないが大変だったようで、とくに和宮さま降嫁の幕末のころは経営に難儀した」

十四代目に当たる森之助は明治維新のときは物心ついたばかりの五歳ぐらいでしたから、大名行列を見た記憶はなかったと思うのですが、まるで実際に見聞きしたように話したものでした。

この本陣は、通りに面した表側の間口が二十六メートル、裏側の間口が五十三メートル、奥行き百メートル、敷地の広さ四千三百平方メートル（約千三百坪）で、本陣建物には主賓が休む御居間（八畳）、板間（二十畳）、広間（十三畳）、御膳所（十三畳）など三十近い部屋があり、建物も約千五百五十平方メートル（四六八坪）ほどあります。ほかに敷地内に四つの土蔵などがありますけど、それらの建物はほぼ江戸時代のままのものです。

常時十五人ほどの奉公人をかかえ、さらに人手が足りなければ「抱長屋《かかえながや》」から手伝いをたのみました。

そういう大所帯であったにもかかわらず、古文書などをみますと、大名の宿泊料というのはいくらいくらと決まっていなかったようです。

たとえば文化十四年（一八一七）三月二十七日に泊まられた伊東播磨守一行からは、お泊金三〇〇疋、若殿の分一〇〇疋、献上物のお返しとして一〇〇疋の計五〇〇疋。このときの宿泊者は十七人で、家来のまかない費用は一人一七文ほどもらい受けています。

二日後に泊まられた島津筑後守一行からはお泊金二〇〇疋、献上物の返し一両、雨天のために一泊のばしてその分は三両でした。この一行は四十九人で、家来の分はやはり人数分の支払いを受けています。

お泊金は頂くだけ受取り、本陣のほうから請求しなかったわけであります。

この木屋本陣は膳所《ぜぜ》藩から代官の役料を受けながら本陣職をつとめ、さらに副業として材木商を営むうえ二十四石ほど所持する地主でした。しかし、先代の森之助がたびたびいったように、構えが大きければ大きいなりに大変だったようです。

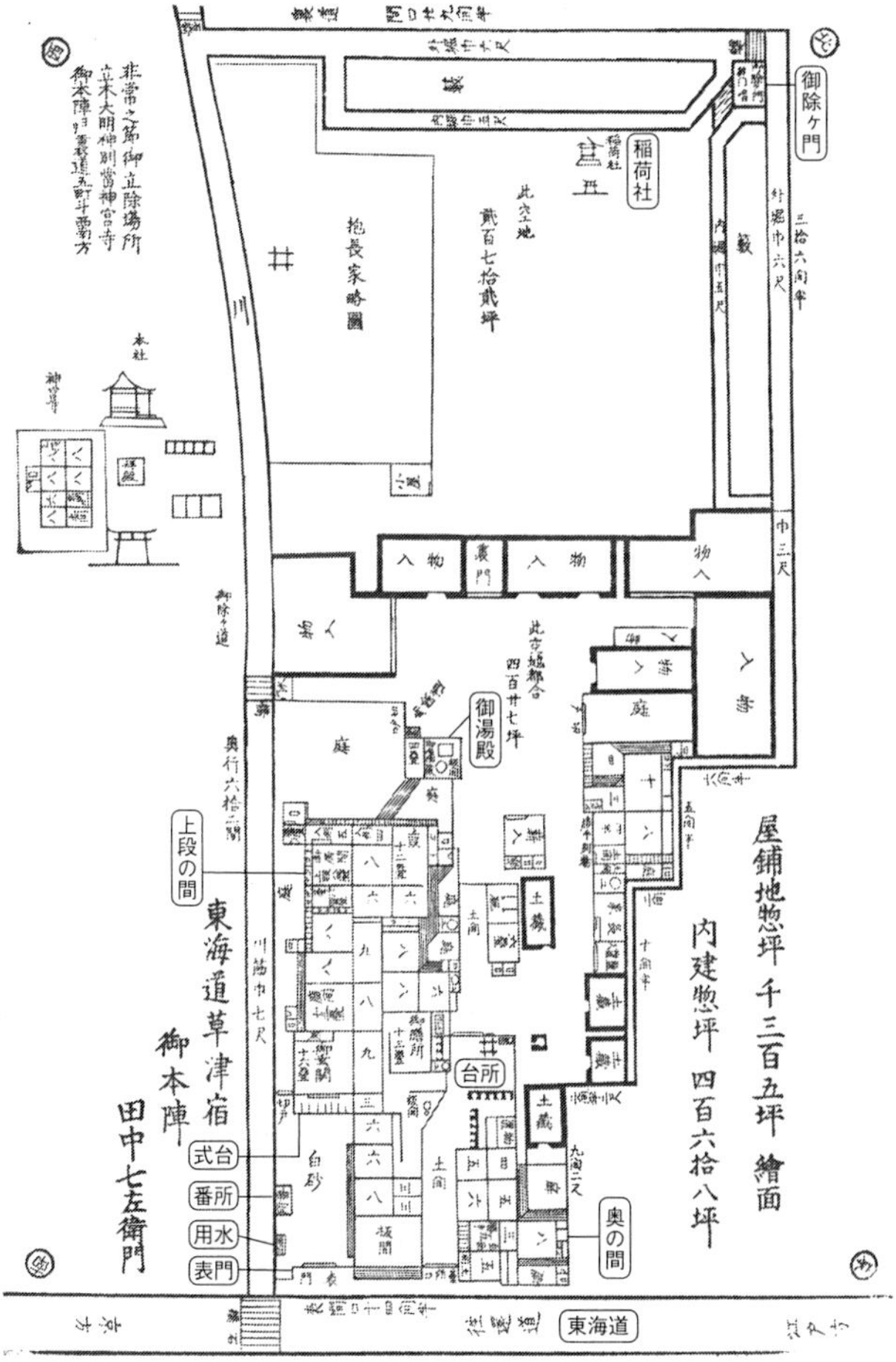

「田中七左衛門屋敷絵図」
（嘉永６年造版の版木から刷られたものに角丸囲みの文字を追加）

本陣に部屋が三十ほどあっても、大藩主の二百人三百人にもおよぶ足軽、仲間《ちゅうげん》まで泊めることはできません。本陣に泊めるのはせいぜい五十人ほどで、下役の方は脇本陣や普通の旅籠に泊まりました。

大名の食膳は、文化のころの記録では夕食は鱒、さしみ、大根、山の芋、しいたけ、玉子、ごぼう、朝食はもろこ、焼どうふ、大根、くわい、とうふ、かまぼこなどとなっていますが、季節によっていくらか献立が変わるぐらいで今から考えればそう贅沢なものではありません。家来は原則として一汁一菜でした。

当時は農業をやりながら、副業として旅人を泊める家もあり、膳所藩から「副業に精を出して農業を粗略にしてはならぬ」というお達しもあったようです。

表から本陣を見ると高い白壁の塀で囲ったようにみえますけど、裏と北側は細長い竹やぶの土手で囲まれ、今はほとんど埋まってしまいましたが、昔は竹やぶの内側と外側に幅六尺ほどの堀がありました。

やぶの角にある「御除《およ》け門」は、乾《いぬい》の角にあるので「乾門」とも呼んでおりますけど、行列の供《とも》の者が警備についた裏門であります。万一、大名が賊に襲われたときは、

大名が泊まったときなどに立番した裏の「御除け門」（草津宿本陣提供）

この御除け門をぬけて裏道を通り、一・五キロほど離れた立木神社へ行き境内の神宮寺へ避難することになっていました。本陣職をつとめた二百三十六年の間に、避難することは一度もありませんでしたけど……。

大名の警備は大変だったようで、大名が休まれた八畳の「御居間《おいま》」（上段の間）の中央に、厚さ十センチの畳を二枚合わせ並べた「二畳台《にじょうだい》」があるのも、床下からの襲撃に備えたものでした。お居間の右隣の五畳ほどの「鞘の間《さやのま》」は、大名を警備する侍が待機した部屋で、大名が襲われたときは障子を蹴破って飛び出す手はずになっていました。湯殿にも非常口があり、その外で侍が警備したものです。

草津から江戸へ行くには、東海道を通るにしろ中山道を通るにしろ、宿場のはずれを流れる草津川を歩いて渡らなければなりませんでした。江戸時代は謀叛《むほん》の大軍を防ぐという軍事上の理由から、大川にはなるべく橋をかけないようにしたそうで、草津川も川中を「歩行渡り《かちわたり》」（歩いて渡る）していたのです。大名の駕籠は蓮台《れんだい》に乗せてかついで渡りました。

草津川は、ふだんは水かさの少ないおとなしい川ですけど、川上に雨が降るとじきに大水が出、よく川止めになったそうです。

和宮の降嫁道中

古い勢力と、新しく起こってきた勢力が怒涛のようにぶつかり合い、せめぎあったのが明治維新ですけれど、滅んでいく徳川幕府の最後の花道を飾ったのが、皇女和宮《かずのみや》の将軍家茂《いえもち》へのご降嫁《こうか》だったといわれます。

幕末の激動のなかでは、上も下も運命に翻弄《ほんろう》されて生きたはずですが、和宮はいかにも変転の時代に波瀾《はらん》の人生を送った方でした。

ご降嫁の行列の第一陣が京都を発ったのは文久元年（一八六一）十月二十日ですけども、行列はぞろぞろと四日間もつづく盛大なものでした。

道中は大井川、天竜川などしばしば川止めとなる東海道をさけて、中山道から江戸へ向かうことになっておりましたが、街道筋の藩に対して前もって「本陣を修理し、家並の見苦しいところは隠し、葬式、祭りは中止せよ」という布令が出たそうです。

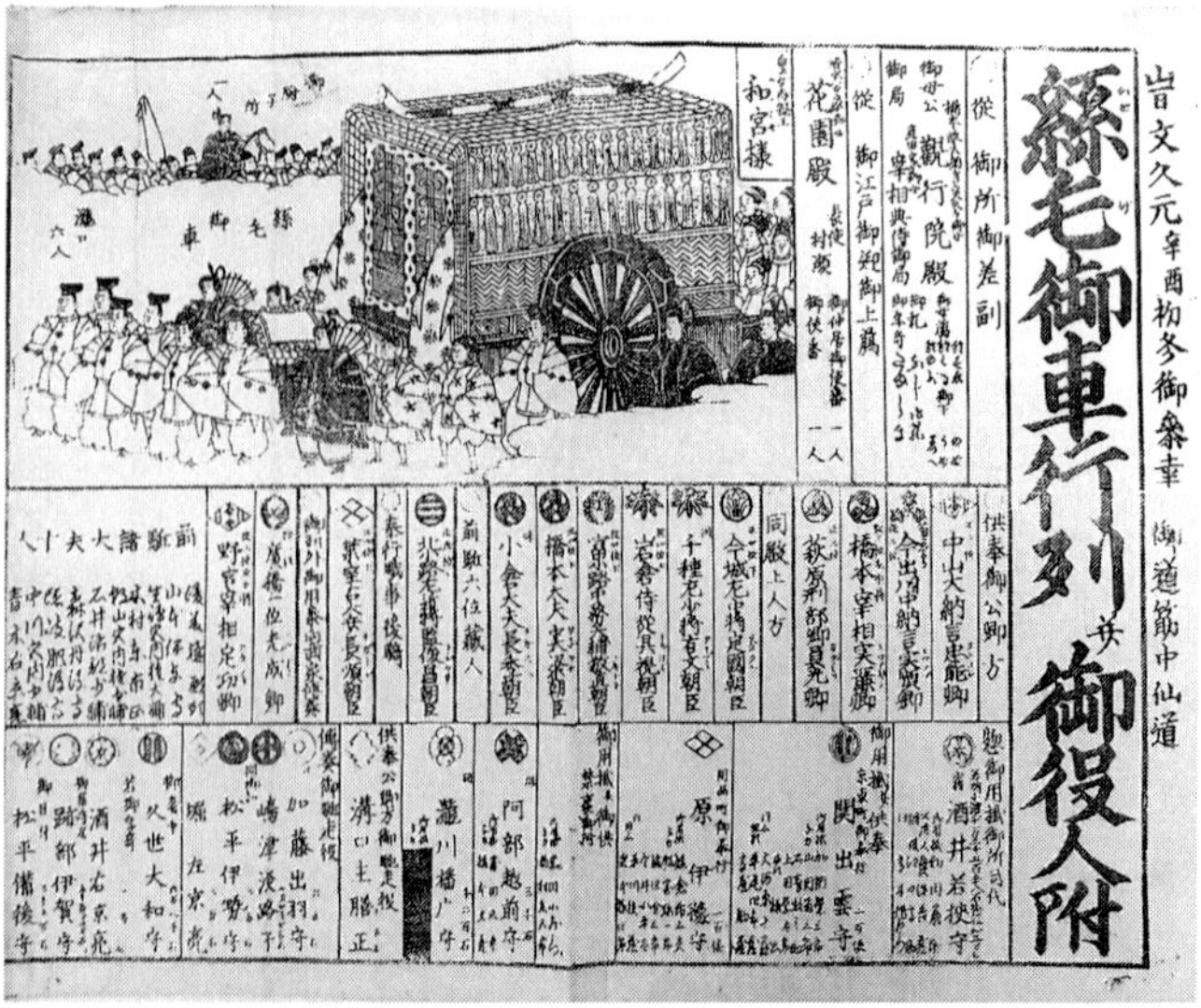

「絲毛《いとげ》御《お》車《くるま》行列《ぎょうれつ》并《ならびに》御《お》役人附《やくにんつき》」（部分、草津宿街道交流館蔵）

和宮の行列を描いた木版刷りの瓦版ですが、このような車で移動したのは京と江戸の町中のみで、車の通行が禁止されていた五街道（中山道を含む）では輿に乗って移動しました。

草津宿を第一陣千百人が通過したのは二十一日、つづいて二十二日には千六百人、二十三日には三千人が通り、和宮は二十三日に木屋本陣に入って昼食をとられました。何を召しあがったものかそれはわかりません。[*4] 二十四日も行列があり、和宮のこの道中は史上空前の大行列だったと記録されております。

和宮はこのとき十六歳、深窓で花のように育てられたこのひとに、時代のうねりの先が見えるはずはありません。わずか四年にして徳川幕府が滅び明治維新を迎えることになります。

和宮と家茂のお二人は、結婚後は実に仲睦《なかむつ》まじかったといわれますけど、その蜜月も束の間で、はかなく家茂は急逝しています。

将軍家茂と死別された和宮は、徳川幕府の崩壊と明治維新に立ちあわれ、明治十年、三十一歳で短い生涯を閉じられました。

その一生は幸せであったかどうか、下々《しもじも》のわたしらにはわかりません。

家茂の次の十五代将軍徳川慶喜《よしのぶ》は、明治になって静岡県だかの地方の長官のような

＊4　昼食の献立については、近年献立帳が確認され、復元料理が本陣内に展示されています。

ことをやられたと聞きました。

このような人の運命を考えますと、「月日は百代の過客にして……」という『奥の細道』の文章を思い出すのであります。この大きな宇宙のなかでは、人間の一代の営みなど、一瞬にしてよぎる細い光芒《こうぼう》のようなものかもしれません。

時代が移り変わるときには、何かと予測しがたいことがおこるもののようです。

慶応三年(一八六七)に、伊勢神宮のお札が天から降ったという噂があちこちに広まり、この噂がもとで「ええじゃないか」という騒ぎが起こりました。人びとが仕事を投げ出し、太鼓、三味線、笛などの鳴り物を持ち出して「ええじゃないか、ええじゃないか」と歌い、街道を踊り狂いながら歩いたというのです。女装の男、男装の女などもおり、踊り狂いながら物持ちの家におしかけて、酒をせびったり、物を持ち出したりしました。

この騒ぎは四国、近畿、東海道、関東、信州のあたりまで広がり、人びとは豊年の兆しだといい合った。ほんとうに伊勢神宮のお札が降ったのか、あるいは誰かがあおりたてた根も葉もない噂だったのかわかりませんが、草津の歴史書などにものっているところをみると、草津あたりでも騒ぎがあったのでしょう。

この「ええじゃないか」の騒ぎと前後して「御蔭《おかげ》参り」というのも流行したそうです。

無一文でお伊勢参りに出かけても、沿道の者がほどこしをくれる。それは神さまのお蔭である、というので御蔭参りといったのですけど、旅費がなくても伊勢参りができるので、商家の奉公人なども主人や親に無断で出かけたといいます。この無断でお参りするのを「抜け参り」といったが、出かけたまま帰らない者、途中で抜け参り同士が恋仲になって帰って所帯をもつ者、さまざまだったようです。

「ええじゃないか」が流行したという慶応三年といえば、江戸時代の最後の年であり、明治が目前に迫っていたはずです。

天から伊勢神宮のお札が降る、豊年の兆しだと浮かれて踊り狂った人たちにも、時代のうねりの向う側は想像もできなかったことでしょう。

しかし、人間、賢そうなことをいってみたところで、先の先まで見通せるわけではありません。

夜明けが来る。いい世の中が来る——と、志《こころざし》を抱いて風のように走った若い志士たちも、血で血を洗う惨劇をくり返して果てていきました。

守山駅から半里ほど離れたところに古高《ふるたか》村という村がありました。今は町になっていますが、この村の福寿院という寺に古高俊太郎という志士の碑があるそうです。この村で生まれて京都へ出、討幕に走ったが、新撰組につかまって三十六歳で首をきられたというひとであります。

国の運命の手綱をひいてきた見識豊かな人たちが、為すところを知らず、右往左往したのです。一国一城の主《あるじ》といわれた殿さまだって、あすの我が身がわからない、それがあの明治維新だったのであります。

時代が移り変わるときの大きなうねりは、人間の力が束《たば》になってもどうにもならんものかもしれません。

徳川幕府が滅んで明治政府ができますと、幕府がつくった古いシキタリも自然に消えていく。用のなくなったものが滅び、それに変わって新しく必要になるものが台頭《たいとう》してくるのは、この世のきまりであります。

それが時勢というものでしょう。

明治元年七月、江戸が東京と改められましたが、この年の九月二十日京都を出発されて東京に向かわれた明治天皇は、翌二十一日この本陣に寄って昼食を召しあがられました。この年の十二月二十一日、先帝の二周年の法要で京都へ向かわれるときも昼食を召しあがり、翌二年三月七日、ふたたび東京へ向かわれたときはこの本陣でお泊まりになっております。

明治元年、はじめて明治天皇が木屋本陣に寄られたおりは、「天子さま」をひと目見ようと、近郷近在から人びとが集まって街道筋に土下座したそうです。当時にあっては、天皇は天子さまであり、生き神さまとしてあがめられていたのでした。

明治三年（一八七〇）に本陣が廃止になりましたけど、明治十一年十月十二日、明治天皇が北陸道を巡幸されて京都へ向かわれたおりにもこの本陣でお泊まりになりました。

文久生まれの先代森之助は、明治天皇がお泊まりになったことを生涯最高の名誉と考えて生きたひとでした。天皇の話をするときの森之助は、どことなく居ずまいを正し、言葉づかいも改まったものでした。

人間みな平等、天皇と国民を差別するのは間違っているといわれても、わたしらのような明治の人間には、やはり天皇はただのひととは思えない。未だに畏《かしこ》まる気持はぬけませんが、もうおばあさんですから放っといてもらうしかしようがありません。

明治天皇が泊まられたときは、半年も前から家のいたみを修理し、調度品や立札を用意したそうで、天皇が用いられたものがそのまま本陣に残されております。お膳、お箸、お草履、お燭台、お魚生桶《おけ》、お馬洗盥《だらい》、さらに行在所《あんざいしょ》、下馬、下乗の立札、葱《そう》華輦《かれん》（明治天皇が乗ったお輿《こし》）などです。

行在所というのは、天皇の仮の宮という意味で、明治天皇がお泊まりになられたとき表門前にかかげた立札であります。

下馬、下乗の立札は、「ここで馬から降りる」「ここで馬に乗ってよい」という立札で、天皇がお休みになったときや、お泊まりになったときは、本陣表門の百メートル先に高くかかげました。天皇がお泊まりのときは、人びとは百メートル先で馬を降りて歩いて本陣のまえを通過したということであります。

大名や明治天皇が泊まった「上段の間」（草津宿本陣提供）

明治天皇調度品

表門を入ると左側に「御用水」と「番所」がありまして、番所のそばに大人でもかかえきれないほどの松がありました。義父の森之助は、明治天皇の馬をつないだ由緒ある松だとだいじにしていたのですけど、昭和二十八年に枯れてしまったので根から掘りおこして植えかえました。根元で臼をつくったほど太い松でした。

いま同じところに植えてある松は、三十年に守山の植木屋さんにたのんで植えてもらったいわば二代目であります。

この家は表通りに面して、本陣表門とお勝手玄関があります。お勝手玄関を入って広い土間をぬけて裏口へ出ると、中庭に史跡に指定された大きな「かまど」がありますが、これは湯殿用の湯や、馬を洗う湯を沸かすのに用いたかまどでした。

かまどのそばにも三本の松があって、馬を洗うときに手綱をつないだそうですけど、今は一本も残っておりません。

明治に入って没落

明治三年十月に木屋本陣は廃止になりました。

本陣当主は苗字帯刀をゆるされ、膳所《ぜぜ》藩から代官の役料をいただき、一般町人はお泊めしない決まりでしたから、格式の維持に費用ばかりかさみ、幕末のころには経営に難儀したようです。

本陣に残る『大福帳』を見ましても、常時十四、五人いた奉公人も和宮ご降嫁の幕末、文久のころには六人ぐらいに減っております。和宮は守山でお泊まりになって、この本陣では昼食を召しあがっただけですけど、行列の接待、まかないは大変だったようです。

時の流れとでもいうのでしょうか、徳川幕府の崩壊と歩調を合わせて、木屋本陣も衰退の歴史をたどることになるわけであります。

江戸時代に副業として営んでいた材木問屋も、経営が行きづまったのか、明治維新のころには廃業しておりました。

明治十一年十月に明治天皇がお泊まりになっていますけど、これは本陣廃止後のことです。当時はこの辺りに天皇をお泊めできるほどの宿がなかったので、木屋本陣でお泊めすることになったのでしょう。

明治維新で大勢の武士が路頭に迷うことになりましたが、木屋本陣も明治三年の廃止と同時に収入の道が途絶えてしまい、それで当主は生計のために酒屋をはじめました。年貢ぐらいではどうにもならなかったのでしょう。栗東《りっとう》町*5出庭《でば》からきていた当主の嫁の実家が造り酒屋をやっていましたので、そこから酒を仕入れて売ったわけです。しかし、代々殿様を相手に宿屋をやってきた家であり、小売り商売の機微がわからないため経営に四苦八苦したようであります。

明治四年の廃藩置県で藩士が失業することになったため、膳所《ぜぜ》藩でも帰農をうながし、武士たちが農業、養蚕、漁業、マッチ製造などに転じましたが、〝武家の商法〟でそのほとんどが失敗しました。それと同じように、木屋本陣の酒屋もしょっちゅう

＊5　現・栗東市。平成十三年（二〇〇一）十月に市制施行。

仕入先への支払いが滞《とどこお》るような状態で、出庭の造り酒屋から催促がきて、「酒代を払ってもらえないなら、本陣の座敷をもらっていきますよ」とまでいわれたそうです。出庭の造り酒屋のおかみさんは、この本陣の嫁さんの実の姉さんに当たるわけですが、番頭の催促でラチがあかないとおかみさんが来て、実の妹に向かって「座敷をもらっていく」というわけです。

いくら姉妹といっても商売は商売、けっきょく酒の仕入れにも難渋するような状態で、酒屋の経営も長くつづきませんでした。

江戸時代に木屋本陣から分家して草津で質屋を営んでいる家がありましたが、明治維新で本陣が廃止になり、生計のためにはじめた酒屋も立ちゆかず、借金がかさんだためにこれまで代々にわたって蒐集《しゅうしゅう》してきた書画骨董のたぐいをその質屋へせっせと運んだそうです。それが何年にもわたり、換金できる目ぼしいものはあらかたなくなった。由緒ある品がいくらか残っているだけでも――と義父の森之助が話しておりした。

収入の道が途絶えて難儀した時代は長かったようですけど、明治十二年六月から明治四十年十二月まで、本陣の一部を滋賀県栗太《くりた》郡の郡役所として貸し、その家賃収入で暮らしをたててきました。当時は郡役所というのがあったのです。郡役所が本陣を出ていってから、また不如意な暮らしをしたようで、晴れ着を売って家計のやりくりをしたこともあったと聞きました。

体面を重んじ、天皇がお泊まりになったという本陣の格式をひそかな誇りにして生きた明治気質の森之助が、暮らしの算段に奔走しなければならなかったのも、考えてみれば時代の流れだったようです。

しかし、時勢のために廃《すた》れていったのは、なにもこの木屋本陣ばかりではありません。

明治二十二年七月の鉄道の開通で、東海道屈指の宿場町といわれた草津も、旅人を失ない、維新以来またひとつ賑わいを殺《そ》がれることになりました。明治維新と鉄道開通の二度にわたる打撃で、たくさんあった宿屋が櫛の目が欠けるように廃業していったそうです。

東海道線の草津駅は、はじめの計画では矢倉村のあたりにつくるはずでしたが、「岡蒸気の火の粉で美田がつぶされてはたまらない」と反対がおこり、町からはずれた荒れ地に置くことになったといいます。それが現在の駅であります。

当時は朝六時半に草津から汽車に乗ると、翌日の午後十二時に東京の新橋駅《しんばし》につきましたが、「岡蒸気は馬より早く走るげな」というて、みな、驚いた。駅は「ステンション」、そのステンションから人が乗り降りするので、ステンションの前にやがて茶店ができ、宿屋の客引きが出て、車夫が人力車で客を待つようになって、いつの間にかそこが街の目抜きみたいになったんだそうです。

矢倉村の人たちは後で地団駄踏んで口惜《くや》しがったといいますけど、明治時代はじめて鉄道が敷かれたときには「はやり病いがくる」「ニワトリが卵をうまなくなる」「魚がとれなくなる」といって反対するものが大勢いたそうで、矢倉村だけが先見の明がなかったわけではないのです。

人は、先見の明があったところで後悔するときには後悔する。賢く生きようとしながら、性懲りもなく愚をくり返す。それが人間なのであります。

わたしはこの本陣を見物に来られる人たちに、

昭和30年代の表門
当時は屋根に電灯が取り付けられ、この日は本陣が
腸パラチフスの予防接種場に用いられていた。

表門を入った側から見た東海道
向かいには、平柿文仙堂という書籍・文具店があった。

「玄関の後ろ隣の部屋は十二畳半で、広間またはヤリ間といって、道中の行列に使った槍、その他の武器を立てておいた所です。『お居間』の二畳台《にじょうだい》は大名や明治天皇が泊まられたとこであります」

などと毎日、毎日同じ説明をくりかえしてきました。門前の小僧で、本陣に残る古文書を飛ばし飛ばしぐらいなら読むこともできます。こういう知識は、本陣に嫁に来て知らず知らずに身についたものでした。

しかし、わたしなんかは池のなかのかわずで、この家のなかでこそ物知りで通りますけど、世間に出ればただのデクの棒であります。

自分がただのデクの棒だとわかるまで八十年ほどかかりましたが、たったそれだけのことがおばあさんになるまでわからなかったのは、一生の不覚でありました。

二　本陣の人びと

大正の娘時代

自分が滋賀の守山に生まれたのも、草津の木屋本陣に嫁いで十五代田中弘一《ひろいち》に連れそうたのも、この大きな家にやもりのようにへばりついて六十年暮らしたのも、みな、わたしに与えられたこの世の縁《えん》であったと思っております。

ひとがたまげるような大きな屋敷に住んでいますが、没落の悲哀も、金のない屈辱も、老いの孤独も、みな人並みに味わわせていただきました。そうして、それに釣り合う程度に生きていく喜びもまた味わわせていただいたと思うております。

なんだかわからないうちに年をとりましたけど、ひとに聞かれれば「幸せでした」と語ることにしているんです。

住む家の大小で幸不幸がきまるわけではないし、財産のあるなしが人生の豊かさをきめるわけでもない。わたしが「幸せでした」というのは、家が大きかったこととはなんの関係もないことであります。

娘時代の話をしましょう。

わたしは日露戦争の日本海海戦で日本軍が大勝利をおさめた明治三十八年（一九〇五）八月二日、滋賀県野洲《やす》郡河西《かわにし》村播磨田《はりまだ》（現・守山市播磨田町）で生まれました。父の仁志出五右衛門《にしでごえもん》三十九歳、母かず三十八歳のとき、十一人きょうだいの下から二番目に生まれました。父五右衛門はドロボウの親戚みたいな名前のひとでしたけど村長を二期つとめ、謡《うたい》や活け花をひとに教えるような、いなかでは珍しい風流人でした。京都の北野《きたの》天満宮に呼ばれて花を活けに行ったりしたようです。

どれほどの土地持ちだったかしれませんが、年貢米で暮らしていた地主で、屋敷内に白壁の土蔵がありました。昔、油屋をやっていたこともあるとかで、油壺がたくさんその蔵の奥にしまってあったのを覚えています。

子どもが十一人、父と母、祖父母の十五人家族のうえ、男と女の二人の奉公人がいまして、日々の騒々しさったら、それはそれは大変なものでした。

母はあわててわたしを呼ぶときなど、つゆ子、弥生《やよい》、唯子《ゆいこ》ときょうだいの名を並べたあとに、やっとわたしの名を思い出すこともありました。

子どもたちが朝起きたときから大騒ぎがはじまり、それ着替えだ、それ食事だ、それ学校だと、母親だけでは収拾がつきませんが、大勢いればいたで上の子が下の子をしつけ、たがいに思慮を身につけていくものであります。

きょうだいが多かったので、わたしは四つ五つの頃から上の子にまじって小学校の教科書をひろげて遊んだから、読み書きは普通の子より早くできました。それで入学の一年前から学校へ行って、一年生の教室にもぐり込んで勉強していました。当時は小学生でも、子守だとか、奉公だとか、家の手伝いだとかでしょっちゅう欠席する子がいまして、先生もうるさいことはいわなかったものです。

それで、一年生を二年もやりました。

小学校へ通うようになれば、末っ子の子守りとかんぴょうを干す手伝いがありました。守山のあたりはかんぴょうの産地なので、農家では八月ごろになるとどこの家でもユウガオの瓜《うり》を三ミリほどのヒモみたいにかんなでそいでかんぴょうをつくり、それを天日で干していました。家でも二階の屋根瓦の上にかんぴょうを広げて干しました。

「房ちゃん、屋根にあがれ」

大人が屋根にのぼると瓦が割れるので子どもを屋根にあげるのです。

わたしはきょうだいの内でも身軽で、屋根にのぼるのが得意だったものですから、大人たちは「女のくせに屋根にのぼるのが平気な子だ。大きくなったら屋根葺きの嫁さんになったらいい」とからかいましたが、屋根にかんぴょうを干すときだけは一番に頼りにしました。

足の裏の瓦が焼けるように熱かった感触を、いまだに覚えております。

「房は二階の窓ぎわで写生しているうちに、そのまま眠ってしまって夕飯どきになっても起きてこないことが時々あった。この子はどこででも眠れる丈夫な子だ。馬小屋でも眠れるから、どこへ嫁に行っても心配いらない」と、客の前で父にからかわれ赤面したこともありました。

今から千年ほどのむかし、琵琶湖の瀬田の橋を通りかかった俵藤太《たわらとうた》というサムライが、竜神《りゅうじん》にたのまれて矢で大ムカデを退治した、というむかし話を母から聞いたことがありました。竜神はムカデ退治のお礼に、いくら食べてもへらない米俵、いくら切ってもへらない絹の布《ぬの》、たかずに煮える釜、それと立派な鐘を一つ俵藤太にくれたそうな。

わたしは二階にのぼって遊ぶのが好きな子だったので、窓から琵琶湖のあたりを眺めながら、食べてもへらない米俵や、切ってもへらない絹の布をあれこれ空想したものでした。二階でそのまま寝てしまったこともあったようです。

きょうだいが十一人もいましたから、ひとり溺愛されるということもなく、女の子らしくない気丈な子に育てられました。育てられたというより、放っておかれて、勝手に育ってしまったようなものですけど……。

「三つ子の魂百まで」といいますが、子どものころの気丈さは一生ぬけず、我が子からも「母は強情だ」といわれつづけてきました。

強情なのは、十一人も子を残した慶応生まれの五右衛門のせいであります。

とにかくきょうだい十一人ですから家のなかが子どもだらけで、しんがりに近いわたしは、着物でも、おもちゃでも、〝お下がり〟ばかり当てがわれていました。

楽しかったことといえば、祖父の五平治《ごへいじ》に連れられて、夏場、伊勢へ泊まりに行くことでした。どういう付き合いのあった家か知りませんが、海岸に面したその家の二階に祖父とすぐ上の姉の弥生と私の三人で、夏休みの間二十日ほども逗留《とうりゅう》したものです。昼間は毎日海に出て遊びましたが、食事どきになると、いつも男のひとが魚のご馳走を二階へ運んでくれました。

祖父に連れられて伊勢神宮へ行き、門前の茶店のモウセンの上に座ってマンジュウを食べたこと、弥生と銭湯の一番風呂に入って湯のなかでふざけていてひどく叱られたことなどを覚えています。守山から汽車に乗って、三年ほどもつづけて行ったでしょうか。

子どもの頃の思い出といっても、七十年前の明治の末頃のことですから、ほとんどは胸の底で風化してしまい、たわいもないことを一つ二つ覚えているだけです。

野洲郡河西村の河西小学校を六年で卒業したあと、大津高等女学校へ進みました。兄が大津市内へ養子に行っていたので、その家に一年間下宿し、あとの三年間は寄宿舎へ入りましたが、二十畳ほどの部屋に六人住まいで毎日が楽しくてしかたありませんでした。映画を観に行くわけでもなく、どこかへ旅行するわけでもないのですが、

十五、六歳で、女にとってなんの憂いもない年頃でしたから、生きているだけで十分に楽しかったのです。桜の花時のような、ただ一度の華やいだ季節でした。

当時の女学生は「二〇三高地」という流行の髪を結い、エビ茶色の行灯袴《あんどんばかま》をはいていました。

「二〇三高地」という髪形は、日露戦争で日本軍が旅順を攻略したときに難攻不落の「二〇三高地」のことが新聞に毎日書かれるようになって流行したという、前髪をつき出した束髪でした。

女学校の休みで守山の家へ帰っているとき、守山駅のところである日、小学校で同級生だった男の子が顔を真っ赤にして近づいてきて、ぶっきら棒に封筒をよこし急いで離れていきました。封筒のなかに、絣《かすり》の着物を着たその子の写真が入っていましたけど、そのあと会うたびに彼は顔を真っ赤にして目をそらしていました。

かわいらしい子でしたが、その子も生きていれば今年八十のはずです。

大津の女学校を卒業したあとは、裁縫やったり、謡のまねごとをしたり、花嫁修行のようなことをやっていました。

そこへ縁談が舞い込んできたのであります。

「賢うて、丈夫であればいい」

それだけが先方の望みだと、出庭《でば》村の校長先生の古手《ふるて》みたいなひとが来ていったそうです。器量はどうでもいいような口ぶりだったので、親たちは乗り気になったのかもしれません。

大正十二年の夏の終わり頃だったと思いますが、その校長の古手みたいなひとに連れられて草津本陣の田中弘一《ひろいち》が守山のわたしの生家を訪れ、見合いが行われました。見合いといっても、わたしが座敷にお茶を出し、たがいにチラッと横目で覗き見るくらいなものでした。

わたしは弘一をみて、瘦せた、律義そうな顔のおひとやな、という印象だったのをいまだに覚えています。後日、先方から「気に入ったので婚約したい。挙式は一年以内にする」という意向を伝えてきました。当時は見合いといっても、女の気持などほとんど無視されていたし、女のほうでも親が決めたことには逆《さか》らわないという弁《わきま》えがありましたから、わたしにすれば好きも嫌いもありませんでした。

女流歌人で白蓮《びゃくれん》女史といわれた柳原燁子《やなぎわらあきこ》が、鉱山王であった百万長者の夫を捨て、支那浪人宮崎滔天《とうてん》の息子の年下の弁護士のもとへ走ったというので新聞ダネになった頃です。恋愛結婚をするひともいるにはいたけど、普通の娘は恋愛結婚など考えてもみませんでした。

弘一との縁談は丈夫が取り得でまとまったようなものでしたが、わたしに二階の瓦屋根にのぼってかんぴょうを干す特技があると、仲人口が先方に伝えたかどうかそれはわかりません。

見合いをした大正十二年は、〈おれは河原の枯すすき〉というもの哀しいメロディの『船頭小唄』が流行した不景気な年でした。

信心深い一族

大正十三年（一九二四）三月二十九日、わたしは木屋本陣の田中弘一のもとに嫁入りしました。

このときわたしは二十歳、夫の弘一は明治二十九年一月十五日生まれの三十歳。ちょうど十ちがいでした。

当時、草津は栗太《くりた》郡草津町といいましたが、まっすぐにのびた一本道の両側に屋根の低い古びた家が軒をつらね、いかにも宿場町らしいたたずまいの町でした。コバ葺きの格子戸の家もあり、路地裏から着物の裾をはしょった駕籠かきが、掛け声をかけながらひょいと飛び出してきても不思議でない古めかしい雰囲気が漂っていました。

守山から草津までは一里(四キロ)あまりほどありますけど、婚礼の日は大勢の村の人たちが庭や道端につめかけ、なにやら気恥かしい気持でハイヤー二台と嫁入道具をつんだ貨物自動車で生家を出ました。

午後の日没前の時刻でしたが、本陣に着いたら着いたで門前で「どんな嫁が来たか」と近所のひとが集まっていました。

式は奥の間で氏神さまの立木《たちき》神社から五人の神主が来て神式で行われました。

自分の婚礼の話を他人にするのは、主人の弘一がとうに亡くなった今でもなんとなく照れくさいものであります。

昭和初年ごろの草津本陣周辺（草津宿街道交流館提供）

本陣では昔から家の出来ごとを記録しておく習慣がありまして、わたしの婚礼の様子も義父の森之助が和紙に筆書きして残していますが、こんなことまで、と思うようなこまかい事柄まで書き込んでいますからこれを読めばよくわかります。

〔弘一・房婚礼〕

大正十三年三月二十九日
仲人　出庭の小関豊吉
結納七百円　樽料二十五円その他
父仁志出五右衛門ほか出席
料理人　魚寅
本膳の部　生盛鱠、鯛、鱒のつくりその他
嫁入自動車三台　運転手五人（一人につき祝儀五円）
嫁入土産
　御袴料五十円
　御酒肴料三十円

木魚台一個
両親に十円ずつ
餅米三俵（正定寺《しょうじょうじ》五升ほか配る）

わたしに縁談を持ってきた「校長先生の古手」のような老人は、仲人をつとめた出庭の小関豊吉さんというひとでした。二十九日に婚礼を行ない、三十日には魚鶴という料理屋の料理で町内から十九名を招待、三十一日の内祝はやはり魚鶴の料理で十五人招いて宴会をやっています。

三日目に花嫁は「三日帰り」といって実家に帰ることになっていまして、四月二日桐箱入りの「かつお節」五箱を手土産に本陣の義母つた、仲人同道で自動車で里帰りをし、五日に実母と仲人に送られて里帰りからもどった、と記録されています。

当時は一級酒一升二円二十銭、整理箪笥二十五円、座布団五枚一組十五円ほどではなかったかと思います。大阪に一円均一の「円タク」が走っていたころでした。

次の年の初節供で里帰りし、実家から本陣にもどったときの様子も「房実家からもどる。一個一升五合の白餅、草餅の重《かさ》ね、四十三重ね贈られる」と書き残されています。牛車に餅を積んできて、屋敷のはんてん樹（半纏木《はんてんぼく》。ユリノキの別名）に牛をつなぎましたが、家を出るときに実母のかずが「親類が少ないのにこの餅をどう配るのか」と困ったような顔をしたものでした。

わたしが木屋本陣に嫁入りしたころは、屋敷、建物こそ本陣時代のままに広大豪壮なものでしたが、すでに経済的に没落し、義父の森之助、姑のつた、主人の弘一の三人家族が家計をきりつめながらつましく暮らしているという状態でした。それにもかかわらず、三台の自動車を連らねて輿入《こしい》れしたのも、あの不景気な時代に婚礼に莫大な費用をかけたのも、配りようもないくらいの量の餅を牛車で運んだのも、みな、明治の天子さまがお泊まりになった家柄、格式のためだったように思います。

大正デモクラシーといったところで、身分だの、家柄だのと、まだ封建の古いしきたりの足かせをはめられて暮らしていた時世だったのです。生まれ合わせた時代がそうだったのだから、何が悪い、誰が悪いというわけではありません……。

わたしが嫁入りしたときは、義父の森之助が六十三歳、義母つたが五十三歳、夫の弘一が三十歳。

田中森之助

田中弘一

(『明治天皇御聖蹟と田中邸』より)

嫁に来て何よりも驚いたことは、家がとてつもなく大きかったことです。大名や天皇の泊まられた本陣とは聞いていましても、部屋が三十ほどもある本家のほかに土蔵が四棟、物入れの小屋が五つ六つ、男衆小屋、厩《うまや》、薪《まき》入れ、別棟、渡り廊下でつながった湯殿、貸家にしている長屋など、それは想像を絶するものでした。家の大きな地主の家に生まれ育ったといっても、まるで比較になりませんでした。

嫁は朝五時に起きるのがこの家のキマリで、まず炊事にかかる前に、仏様とお稲荷さんに供えるために井戸の初水《はつみず》（最初に汲む水）を水玉《みずたま》三個に汲み取ることが朝の日課でした。

正定寺の檀家総代をつとめたこともあるほどで、義父の森之助も義母つたも浄土宗の熱心な信者でした。

享保三年（一七一八）三月、木屋本陣が類焼したために膳所《ぜぜ》藩の瓦が浜御殿をもらい受けて再建しましたが、この火事のあと、栗東《りっとう》町の安養寺から仏壇と高さ一メートル以上もある仏像を頂いております。仏像は今でも仏壇にまつってありますが、家ではこの仏壇と、神棚と、裏の竹やぶにあるお稲荷さんと、「御除《およ》け門」のなかにまつった妙見宮に毎朝、朝食前に初水とご飯を供えてお参りするのが習慣でした。

仏壇のなかの十四の位牌にそれぞれ灯明をあげ、四つ椀の膳を四つ供え、森之助があげる般若理趣分《はんにゃりしゅぶん》に三人が唱和して三十分ほどお参りするのです。神棚にも折敷《おしき》を供えてお参りします。そのあと庭を通って裏へ行き、お稲荷さんと妙見宮にお参りするのであります。

病気で寝込むようなことでもないかぎり、お参りを欠かすことはまずありませんでした。

お稲荷さんは、田の神さまがやどられるところで、田の恵みに感謝するとともに、これからも収穫を豊かにして暮らしを守ってくださいとお祈りするのであります。狐をまつるのは、狐は田の神さまのお使いと考えられているからです。一日と十五日のお稲荷さんの縁日には特別にお神酒《みき》を供えます。

また、春祭のときには、祠《ほこら》の前に高張提灯をかかげ、灯明をあげ、「あらい米」と赤飯、油揚なども供えます。このときは田の神さまが野に降臨《こうりん》なさると考えられていたのでしょうか。「あらい米」というのは、トナベ（一斗鍋）のふたに米をぱらぱらとまいて供えるもので、供えたあと炊いて食べることになっていましたけど、これには田の神さまと一緒に食事をするという「直会《なおらい》」の意味があるのかもしれません。

赤飯と油揚はお供えしたあと藪《やぶ》の土堤において狐に食べてもらうことになっていました。しかし、この辺りには狐はいないから犬でも食べるのでしょうか、いつの間にかなくなっていました。

「御除け門」のなかにまつった妙見宮は、昔から馬を守り、人に憑《つ》くゲドウをはらう神さまと考えられていましたが、森之助とつたはこれにも毎朝欠かさずお参りしておりました。さらに森之助は毎月十七日になると、弁当をさげて朝出かけ、大津の石山寺のもっと先にある立木《たちき》観音に歩いてお詣りに行っていました。

観音さんからもどると、空の弁当箱を台所におき、井戸のつるべをするすると降ろして水をくんで手と顔を洗うのですが、日頃怒りっぽい森之助も、このときばかりはおだやかな満ち足りた顔をしているように見えました。森之助もつたも、暗い土間を歩きながら、庭を掃きながら、思わず知らず呟くように念仏を唱えている信心深いひとでした。

わたしが嫁に来て一年か二年ぐらい経ったころでしたが、千葉県に鬼熊《おにくま》事件という事件がおこって、新聞は毎日書きたてておりました。男が心変わりした女を殴り殺し、それをいさめた家に放火して山へ逃げ込んで、捕えようとした巡査を二人も殺したあげく、自分も自殺するという身のよだつような事件でした。その新聞記事を読み終わった森之助が、このときいったことを今も覚えております。

「人間は浅はかなもんだ。怒ったり、悲しんだり、ねたんだり、いつも煩悩《ぼんのう》に悩まされて生きている。いけないいと思ったって、またあやまちをくり返す。どんなに努力したって、人間の心がまえだけじゃ安らぎは得られない。神や仏に救ってくださいとおたのみするしかない」

もちろん、罪を犯して自殺したその犯人にいいたかったわけではないでしょう。

森之助は、嫁に来たばかりの信心の足りないわたしをさとしたのか、長い間連れ添った病弱な妻つたに語ったのか、ひとり息子の弘一にいいたかったのか、それとも、信心深い義父は誰によりも自分自身にいい聞かせたかったのか――。

そのときは深い意味を理解することもなく聞いた話でしたけど、年をとるにしたがってその意味を反芻《はんすう》して考えるようになりました。

それにしても、ひっそりと余生を生きるようにしてひたすら神仏をあがめて暮らしていた義父の森之助に、神仏に救いを求めねばならないどのような煩悩があったものか、わたしにはわかりません。そのころの森之助は、まだ、老いの孤独に悩むほどの年ではなかったはずです。

とにかくこの家は、神仏へのお参りから一日が始まり、まるで世間との関わりを拒むように静かに暮らしていました。

十五人の大家族の家で、好き勝手をして育ったわたしは、この家の夕凪《ゆうなぎ》のような静かさにいらだちを覚えることも時にはありましたけど、悲嘆にくれるというようなことはただの一度もありませんでした。朝のお参りをしたあと家族四人で朝食をとりますが、朝食がすむと老上《おいかみ》小学校の先生をやっていた夫の弘一だけが勤めに出まして、残った三人は家のなかと庭の掃除にかかるのです。

森之助は庭掃きをし、義母のつたとわたしが家のなかを掃いて雑巾がけをするわけですけど、本陣だけでも部屋が三十ほどもあるのですから容易なことではありません。

上段の間からみた主庭

そのうえ義母は体が弱く、少し動くと立ちくらみがするといってじきに引っこんでしまいます。

家のなかの掃除だけで一日のあらかたがつぶれる日もあり、わたしは掃除をするためにこの家に嫁にきたのかと思うことさえありました。義母のつたは病弱で、体をいたわって雑巾がけさえろくにやらないひとでしたけど、「ふだん体を動かさないと夏ぐされになる」と、しょっちゅうわたしにいっておりました。ふだん怠けていると、体が軟弱になって夏負けするというのです。

それは嫁いびりではなくて、自分もひとり息子の弘一も、病弱の体質だったから、義母はせめて嫁のわたしに丈夫な働き者であってほしいと願っていたのです。つたは物をいいつけるとき、「お房」と小声で呼び、多少気に入らないことがあってもことばを荒らげることのないひとでした。

わずかな年貢と弘一の稼ぎで本陣を維持し、一家四人が生活していくのは容易ではなかったはずですけど、義母は週に一度、わたしのために髪結さんを家に呼んでくれました。

家にこもってめったに外出しない嫁であっても、身だしなみだけはきちんと整えさせたのです。

通称「フウさん」、高田ふみさんという髪結さんに来てもらって、蔵の前の板の間に座り丸髷《まるまげ》に結ってもらいましたが、七輪《しちりん》（コンロ）に炭火をおこし、それで熱くしたコテでくせ毛をのばしてから結ったものでした。

フウさんはお弟子さんをつれ道具一式を持って出張してきましたけど、簡単なところを弟子にやらせたあと、フウさんが仕上げてくれる。

大正末から昭和の初めのころは、まだ木枕で休んでいて、木枕に頭をのせると、ぼんのくぼのあたりがひんやりとしたものです。

内気だった十五代目

主人の弘一は、結婚したころは草津市内の老上小学校の先生をやっておりましたけど、神経のこまかい、几帳面《きちょうめん》な性格のひとでした。痩せていて、体も弱かった。

学校から帰ると、かえでの葉で窓をふさがれた日当たりの悪い六畳の書斎にとじこもって、読書をするか、書き物をしていることが多かったものです。自分が木屋本陣の十五代目であることから、本陣関係の資料をあさったり、古文書をひもといたりして、宿場の歴史や本陣の移り変わりなどを調べておりました。

「宿場に働く人馬の一人一匹の負うべき重量を制限して、酷使を防ぐため、元和八年（一六二二）に、馬一匹百五十キロ、人足一人一八・七五キロと定められ、その後数回、同様の法令が出されたが、それを犯す者があったので、正徳二年（一七一二）、東海道では品川《しながわ》、府中《ふちゅう》（今の静岡）、草津の三宿に「貫目《かんめ》改所《あらためしょ》」を設け、旅人の荷物の重量を検査することになった。その後、文化年間（一八〇四―一八）に草津の改所が大津に移されたが、八代目田中七左衛門が、草津は東海、中仙両道の分岐点で、交通量は大津よりはるかに多いという理由で、改所を草津へもどしていただくよう、江戸に行き、道中奉行に願い出た。願いが聞き入れられ、貫目改所で使うはかりをいただいて帰った」

この文章は主人弘一が書き残した『草津宿本陣』という薄い冊子にある一文ですが、

このような文章はわたしが嫁にくる前から折りにふれてノートに書きつづっていたようでした。わたしが、いま、木屋本陣について見学者にひととおりの説明ができるのも、義父森之助と弘一から聞きかじった知識があるからであります。

弘一の読む本は、古典や歴史書が多かったようでした。

老上小学校に勤めていたころ、弘一は深夜に帰宅することがありました。わたしは朝五時に起きて夜十時に寝るのを習慣にしていましたが、主人が帰らないうちに先に寝るわけにいきません。弘一は酒をのんだり、遊びごとをしたりするひとではないのです。

うとうとしながら待っていると、やがて家の前で自転車のとまる音がして、玄関へ迎えに出ると、「校長に手紙の投函をたのまれると、いやとはいえない。校長が長い手紙を書き終えるのを待っていて、書き終わるとポストに入れてくれといって寄越される。うちが郵便局に近いから断われない」と弘一がいうのでした。

校長に手紙の投函をたのまれたといって、帰宅が深夜におよぶことが時々ありましたが、人に逆らうことのできない性分だから断われないのでしょう。「体が弱いから明日にしてください」それだけのことがいえないのです。小心で正直だけが取柄の、世渡りのへたなひとでした。

結婚したときは老上小学校に勤めていましたが、昭和三年に笠縫《かさぬい》小学校へ転勤しました。

主人弘一は、わたしを叱ることさえできないひとでしたけど、弘一の親である森之助はまるで性格が正反対の癇癪《かんしゃく》持ちでした。子どもが木登りして遊んでいると、「竹で突いてやる」といってすさまじい形相で叱りつけるひとなのです。

叔母が来て泊まることになったおり、ごはんがたくさん残っていたので、夕飯にふかしごはんを出したことがありました。叔母はあらたまってもてなす客ではないし、ふかしごはんがことさら非礼に当たるとも思えなかったのですけど、義父の森之助は「おまえは客のもてなしを知らん」と客前で前掛を丸めて振りあげたものでした。

些細なことで、わたしたち夫婦が森之助に小言をいわれたことがあります。大げさに謝ることでもないから、ハイハイといった感じで聞き流していたのですが、それが癇にふれたのか、いきなり、「腹が立つなら二人で出ていけ」と激怒したこともありました。

人間は正直でなければならない、謙虚でなければならないと、口ぐせにいって、朝夕神仏へのお参りを欠かさない信心深いひとが、時たまとはいえどうして理不尽な怒り方をしてまわりを不快にさせるのか、得心のいかぬことでした。義母のつたも、風呂のなかで隠れて泣いたことが何度もあった、と話していました。

森之助は三歳のとき養子に来て田中家の十四代目を継いだひとで、二十五歳で十五歳のつたと縁組みしています。森之助は子どもの頃から、この玄関は殿さまが駕籠で乗りつけたところである、ここが明治天皇がお泊まりになった部屋である、あれが天子さまが入られたお風呂である、と教え込まれて育ったひとでした。

明治の初めに経済的に没落したとはいえ、明治天皇がお泊まりになった家であります。わたしが鼻にかけていうわけではありませんが、見た目の豪壮さは、そこに住む者も、傍から見る者も幻惑《げんわく》させずにはおかない何かがあったはずだと思うのです。

義父の森之助は、家の名誉という「幻」と引きかえに、栄達への野心を断ち、隠遁《いんとん》者《しゃ》のような気持で暮らしたのではなかったか。そうして、オコリ（瘧）のように時々襲う虚しさに苛立って癇癪をおこしたのではないか。——森之助が亡くなったあと、そんなふうにわたしは考えてみたものでした。

森之助の息子の弘一のほうは、もっと覚めた目で本陣を見ていたように思います。わたしも明治天皇がお泊まりになったことを多少、名誉に思っている明治生まれの人間ですけども、しかし明治天皇に惹かれて嫁に来たわけではないし、四つの蔵がほしくて本陣十五代目と結婚したわけでもないのです。

瓦屋根の上でかんぴょうを干していた娘ですから、屋根屋さんの女房になってもよかったのです。六十年をこの家で暮らすことになったのも、こう生きるように生まれついた縁だったのだと、いまは思うております。

義父の森之助は、若いころ栗東町出庭の寺子屋で助手をしていたという話でした。寺子屋では六、七歳から十二、三歳ぐらいの子に読み書き、そろばんを教えたそうです。『商売往来』『百姓往来』などという本を教科書にして、実際の生活に役立つように教え、礼儀作法などもきびしくしつけたものだといいます。

「むかしは僧侶とか神主のようなひとが寺子屋の師匠をしていた。わずかな入学金と盆、暮れに子どもが届ける謝礼のようなもので寺子屋をまかなっていたから、師匠も、助手もそれだけでは生計が立たなかった。それでも、七尺去って師の影をふまずといわれるほど尊敬されていた」

森之助は、そんなようなことを話しておりました。小学校ができて、そのうちにだんだん寺子屋もなくなったわけですけど、明治のはじめの頃の小学校は、進級のときに小試験、卒業のときに大試験をやり、出来の悪いは卒業させなかったから、卒業生は入学生の三分の一ぐらいだったそうです。中途でやめて奉公に出る子もいたんでしょう。

森之助があるとき、『栗太郡志』を持ってきて、ここを読んでおけといって置いていったことがありました。そうして、夕飯のときに「読んだか」と聞きますので、「まだ読んでいない」と答えると、いきなり、飯びつの上にかける簀《す》をにぎって、わたしの太股を思いきり叩きました。

この家は三代目から十一代目まで本陣職をつとめていて、代々、田中七左衛門を名乗ってきておりますが、『栗太郡志』には八代目田中七左衛門のことが書いてあったのです。夏の薄着のときに叩かれ、飛びあがるほど痛かったものだから、森之助が読んでおけといったところは今でもよく覚えています。

むかし寺子屋へ通っていたころ森之助に叩かれたことがあるという人の話を小耳にはさんだこともありますけど、きっと怒りっぽい先生だったのでしょう。

『栗太郡志』に紹介されている八代目は、木屋本陣を継いだがじきに家督を弟にゆずって隠居し、田中七左衛門貞澄《さだずみ》を名乗って風流に生きたひとでした。庭に三少庵《さんしょうあん》という離れを建てて住み、和歌は京都の香川景樹《かがわかげき》に師事、茶道は堀内宗閑《ほりのうちそうかん》に学び、謡曲や活け花などをやったばかりか、離れの前庭に窯《かま》をきずいて茶器を焼いたといいます。

文政十一年（一八二八）、松浦肥後守《ひごのかみ》が草津を通ったとき三少庵に寄って貞澄と親交をむすび、次の年に平戸《ひらど》焼の煎茶《せんちゃ》茶碗五個をわざわざ送ってきたそうです。

貞澄は天保三年（一八三二）五月十七日、

故郷の空は遠くや成ぬらん、しての山路に今かかりけり

という辞世の句を残して四十歳で亡くなりました。貞澄が珍重した「虫食《むしくい》」がたくさん残っていたそうですけど、明治になって生活に困ったとき、まとめて五十円だか

松浦家から授かった煎茶茶碗（草津宿本陣蔵）

岸岱「寒山拾得図襖・戸袋」（非公開　草津宿本陣蔵）

で売り払ったと森之助は話しておりました。「虫食」というのは、虫が食ったように見える茶碗で、茶人が珍重したものでした。

木屋本陣が没落した明治の初めごろ、代々にわたって蒐集した金目のものはたいがい売り払ったそうで、岸岱《がんたい》の『寒山拾得図《かんざんじっとくず》』襖三面、円山応挙《まるやまおうきょ》に学んだ白井直賢《しらいなおかた》の「松に虎」の軸物、それと大名から拝領した書、短冊などがわずかに残るばかりであります。

夕凪のような日々

本陣に嫁に来たばかりの数年の間は、街へ買い物に出るということはほとんどありませんでした。

野菜、魚のようなものは売りにきてくれるし、身廻り品のたぐいは義母のつたが折々に買いそろえてくれましたから、出かける用事がないのです。家の者の着る普段着はありあわせで間に合わせ、とくに必要があれば家で仕立てたりしました。

お金の出し入れはつたがやりますので、わたしには家計がどうなっているのか皆目わかりませんでしたけど、日常の暮らしはどちらかといえば質素なものでした。

しかし、質素だといっても、大正末から昭和の初め頃にかけては、南海電鉄とか、浜松の楽器会社とか、野田の醬油会社とかで大きなストが相ついでおこり、銀行まで倒産するという不景気な時代ですから、誰もかも切りつめて質素に暮らしていました。うちだけが生活が苦しいという感じではなかったのです。

家が大きいから金持ちだと思って、鋳《い》かけ屋やアメ売りなどの物売りがよく寄りましたが、行商人を失望させることが多かった。ただ、森之助が魚が好きだったので、琵琶湖の矢橋《やばせ》(草津市)から来る魚売りのおばあさんをひいきにしていました。

おばあさんはリヤカーを玄関先にとめ、土間に入ってきて「おかあはん、魚いらんかいな。モロコと鯉があります」というふうに声をかけてくれるのです。目と鼻の先の矢橋で揚がったばかりの魚ですから、魚箱のなかでおどっていることもありました。質素にしているといっても、二度に一度ぐらいは買いました。

生きている鯉や鮒は、タライに入れて穴あきのフタをかぶせ、重しをのせて二日三日置いとくこともありました。さしみにしたり、鯉こくにしたりしますが、生きた魚を買うと井戸水を汲みあげてタライの水を一日に何度も取りかえなければならなかった。そのうえ水をかえているときに、タライから魚が飛び出したりするとつかまえるのが苦労でした。

井戸といえば、年に一度夏に「底ざらい」をやるのが恒例になっていまして、ハシゴで底に降り、「クモ手」という道具をつかって落ちたものを拾いあげていました。

春祭りの頃には、矢橋のおばあさんが売りにくる鮒で「鮒ずし」をつくったりしましたが、琵琶湖ぞいの町や村ではどこの家でも昔から鮒ずしをつくったものでした。

わたしが生まれた守山市に幸津川《さづかわ》という町があります。この町にある下新川《しもにいかわ》神社の五月五日の春祭りには毎年「鮒ずし切り」という神事が行われました。神前に供えた鮒ずしを参詣の人びとの前で切ってみせたものです。

昔はすしでも赤飯でも餅でも自分の家でつくりましたけど、今は店でなんでも売っているから手間ヒマかけてつくる家が少なくなりました。

味噌やタクアンなんかも、自分の家でつくるのが当たりまえだったものです。

わたしが嫁に来たころは、麹《こうじ》まで家でこしらえていました。桶に蒸したご飯を入れ、それに麹菌をまいてコモをかぶせ、暖い部屋に置くと三日ほどで麹ができる。煮た大豆を杵《きね》で突いて、その大豆に麹と塩をまぜて樽に仕込み、暗い味噌部屋に何年か寝かせて味噌をつくったものでした。

味噌づくりは弘一とわたしの仕事でしたが、力のないひ弱な弘一は、十ぺんほど杵を振ってはフーとため息をつき、じきにわたしと交代したものです。

わたしは義母のつたに、体を動かさないと「夏ぐされ」（夏バテする）になるとよくいわれましたけど、昔は主婦は自分の手で物をつくったり、つくろったりして、暮しに無駄の出ないよう工夫した。それの上手なひとを、賢いおかみさんだといって、みな尊敬しして見習っていました。

今はどういう主婦を賢いひとだというのでしょうか。金さえ出せばなんでも間に合う時代ですから、金が一番大事なものになってしまいました。あのひとがいないと困る、ということがないからますます人間を大事にしなくなります。

味噌をつくるのが上手なひと、いさかいの仲裁が上手なひと、バカを語って笑わせ

井戸やかまどのある土間（草津宿本陣提供）

るのが上手なひと、米づくりの上手なお百姓さん、屋根のふきかえが上手な屋根屋さん、花を育てるのが上手な植木屋さん、子どもを叱るのが上手なお年寄り、骨身を惜しまず働いてくれる政治屋さん――昔はこのような一つ二つ取柄をもったありふれた人たちが、たがいにいくらかずつ力を出し合い頼りあって生きたものですが、今はお金に代わりをやってもらっている世の中です。お金さまさまの時代です。

森之助も義母のつたも主人の弘一も、みんなあまり出歩かないひとたちでしたから、嫁のわたしだけ出歩くというわけにいきませんし、むかしは街に出ても女が遊び歩く場所なんてありませんでした。

唯一、大正座《たいしょう》という芝居小屋がありましたけど、ここへは後にも先にも一度行ったきりでした。

本陣に嫁入りした大正十三年に、大正座で『金色夜叉《こんじきやしゃ》』の活動写真をやるというので、当時の人気女優谷村容子《たにむらようこ》が宣伝のために来たことがありました。このときは人気女優を一目見ようと大勢の見物人がつめかけて大変な騒ぎだったものです。

この大正座は地方巡業の芝居や奇術、活動写真などをやる小屋で、寒い季節は手火鉢に当たりながら見物し、なかなかの人気でした。

たまに外へ出て芝居を見たいと思うことがあっても、わたしひとり出かけるなんてできませんでした。

家のなかの掃除がすむと庭や裏の畑に出ることもありましたが、たいていは「見世の間」に座って縫い物をし、窓に暮色が落ちるころになれば台所に立ち、一日が雲が流れるように静かに過ぎていくのです。そういう単調な日ばかりのくり返しですから、ああ、今日は何日だったかしら、と月日を忘れることもしばしばでした。月日、時間を忘れても、なんの差し障りもない暮らしでした。

仕立て物がなければ、古着をつぶして雑巾を縫ったり、ハタキをつくったりする。たまに家の修繕に日雇《ひやとい》の大工さんが来たり、庭師が入ったりすると、屋敷のなかがいくらかざわめいたりしますけど、日常の暮らしはまるで変わりばえのないシンとしたものでした。

嫁は金の出し入れを一切やらないのですから、家計に腐心することもなかったのです。金の払いに、義母のつたがふと途惑《とまど》いをみせることがあって、家計の難儀はおおよそ

田中房さん

わかっていても、嫁には嫁の分際《ぶんざい》があってわたしが口出しすることではないのでした。

昭和の初めごろといえば、本陣廃止から五十年以上もたっており、すでに家の威勢などというものは衰えきっておりました。本陣を支えた大きな架台《かだい》だけが残り、経済的には寒ざむとしていたわけですけど、まつりごとや季節の行事にはきちんと折り目をつける家風だけは残っておりました。

春の七草には青葉の粥をたべ、節分には森之助自ら家の内外に豆をまき、五月節供には邪気払いに菖蒲湯をわかし、秋の十五夜には月の見える縁側に萩、ススキを活け、春秋のお彼岸にはオハギと庭の花を持って正定寺へお詣りしたものでした。正月に三河万歳が来れば神棚のある「帳場」に上げて森之助自ら正座して聞き、「……寿命長久万歳いわいかぞえて舞い納む」というような語りで終わるとのしに包んだ祝儀をわたし、獅子舞が寄ればお米五合とオヒネリ（紙をひねって小銭を包んだもの）をわたすのがこの家の生活の習いになっていました。

痩せ我慢をして暮らしていても、折り目をつけるべきところにはきちんと折り目をつけ、大工や庭師を入れて家、屋敷の崩れをつくろっておりました。

三　片隅の昭和史

耳に残る「歓呼の声」

いま振り返ってみると、昭和十年ごろというのは、年がら年中木枯らしが吹いているような寒ざむとした時代でした。

昭和十一年五月二十二日、結婚以来十三年ぶりに長女文子《ふみこ》を出産しましたが、長女が生まれた六か月後に義父の森之助が急に床につきまして、

「人間はこの世での用事がすんだら、仏の迎えが来る。わしの身代わりの文子が生まれたから、わしの迎えもそろそろくるころだ。もう用はなくなった」

といっておりましたが、まるで自分の死を予言したように一週間ほど寝込んだだけで呆《あ》っけなく亡くなりました。文久元年生まれの森之助は行年七十五歳でした。二人の看護婦をつけて交代で看病していましたけれど、それほど急に逝くとも考えていなかったのでがっくりしました。

故人の冥福を祈って、亡くなった夜には身内が集まって「泣き寄り」をしました。

正定寺の住職さまに来ていただいて葬式を出しましたけど、森之助が死んだ八か月後に、義母のつたがまるで後を追うように、やはり一週間ほど寝込んだだけでころっと亡くなりました。つたは六十六歳でした。

文子が生まれて目出たいと思っていたのも束の間、二つも不幸がつづき、世の中の暗さと重なって気持が沈みました。

森之助はいつも凛《りん》とした態度をくずさず、家族に対しては怒りっぽい人でした。ごく些細なことにも、いきり立って怒ることがあり、わたしは一緒に住んだ十三年間のうちに一度だけ逆らったことがありました。

「いくら謝ってもゆるしていただけないなら、もう謝りません」

わたしには義父の怒り方が理不尽すぎるように思えて、ついきつい言葉で口答えしてしまったのでした。このとき、高い鼻を上に向けてムスッと押し黙っていた森之助の顔を今でもよく覚えております。

義母のつたは、我の強い森之助にひたすら仕えて一生を終わったようなひとでした。嫁のわたしからみても、じれったいほど森之助に対しては自我を立てるようなことはなかった。

昭和十一年に文子が生まれて、入れかわるように森之助が逝《い》ってしまいましたけど、二・二六事件がおこったのもたしかこの年でした。

反乱軍が高橋是清《たかはしこれきよ》大蔵大臣とか渡辺《わたなべ》教育総監などを殺したというニュースが伝わってきて、滋賀のいなかの片隅でさえ「大変なことになった」と暗い顔でみなささやき合っていたものです。

大声で騒げば警察に叱られる時代でした。

瓦屋根というのは、端《はし》の二、三枚がくずれ落ちると、その余勢でドドッと屋根全部がくずれるといいます。それで瓦解《がかい》ということばがあるのですが、あの二・二六事件のあと瓦屋根がくずれ落ちるようにして、暗い時代に落ちこんでいったような気がいたします。

二・二六事件のすぐ後に日中戦争がはじまり、あっちでもこっちでも駆り集めるようにして若い男たちが兵隊に持っていかれました。新聞に「鍬《くわ》の戦士」という満洲開拓農民を募集している記事がのっていて、満洲にさえ行けば豊かな実りが待っているような調子だったものです。

私十六　満洲娘

春よ三月　雪どけに

迎春花《インチュンホワ》が　咲いたなら

お嫁に行きます

隣村……

『満洲娘』という歌がはやったのも、たしかこの頃でした。この歌は花が咲いたらお嫁に行くと、どこか浮かれたところがありますけど、ラジオから流れてくるのは『父よあなたは強かった』だの『愛国行進曲』だのといった軍歌ばかりでした。

しかし、文子が生まれた十一年ごろは、物がないといっても、まだ金を出せば手に入りました。が、次女の義子《よしこ》が生まれた昭和十四年ぐらいから街も急に廃《すた》れまして、贅沢品の販売はおカミの命令でできなくなって店頭から消え、衣類も木炭も砂糖も味噌も醤油も、みな切符がないと買えないようになりました。

森之助もつたも亡くなり、わたしら夫婦と幼い子二人残りましたが、弘一は病弱で薬ばかりのんでいるひとですし、まったく途方にくれました。

　草津はむかしから八月十一日が「大市《おおいち》」で、この日は本町一帯に露店が出て賑わったものでした。お盆用品の調達にと遠くからも買い物客が集まってきました。ところが屋根瓦がくずれるようにドドーッと大陸での戦争にのめり込んでいったものですから、物が底をついて名物だった大市も急に火が消えたようにさびれてしまいました。

　あるときお出入りのおじいさんが来ていて、台所で大豆やらじゃがいもやらを炊き込んだ米ツブの少ない代用食の弁当をひろげて食べました。食事が終ったらさっさと庭に出て、夏の日がかんかん照りつける蔵の前の石段に座りました。

「おじいさん、涼しい蔵の中でいっぷくすればいいのに」

「煙草を吸ったら涼ましてもらいます」

きざみ煙草をきせるにつめ、レンズで太陽の熱を集めてその煙草にしばらく当てていると、一筋の紫の煙がきせるの火皿から立ちのぼってきました。

「煙草もマッチも配給になった。火薬で爆弾をつくるのでマッチが足りないらしい。

草津大市（明治42年ごろ　草津宿街道交流館提供）

天気のいい日はレンズで煙草が吸えるけど、雨が降ると思うように吸えない。もっとも、かんじんの煙草も手に入らなくなった」

おじいさんは、きせるをトントンとやって掌《てのひら》に吸いかけの煙草を落とし、火種を切らさないようにしながら素早く火皿に新しいキザミをつめ、一ぷく二ふくと吸っていました。

子どもの着る物も買えないから、長女の文子にはわたしのものを仕立て直して着せ、文子のおさがりを次女の義子に着せて間に合わせました。

兵器をつくる鉄や銅が不足しているからと半鐘や仏具、銅像などを供出することになったのも、十四年か十五年ごろだったと思います。主人の弘一は、本陣時代から蔵にしまってあった槍を庭に出し、柄をノコギリで切って鉾《ほこ》だけを麻袋に包んで、目と鼻の先にあった草津警察署へ持っていきました。

帰ってきた弘一の話では鍋や五徳、鉦《かね》などを供出しに来ているひともいたそうです。

家の間口が広いものですから、となり組などから標語を貼ってくれとたのみにも来られましたけど、「一億一心」「南進日本」といった大きな活字が踊っておりました。

町内から出征兵士があると、隣組や愛国婦人会の人たちが草津駅まで見送り、駅前で万歳を唱えて歓呼の声で見送ったものです。見送られる若い兵隊さんはどこへ派遣されるか知らないいし、見送るほうももちろん知りません。

この駅頭の別れが今生《こんじょう》での最後の別れになった親子、きょうだいも少なくなかったはずです。

愛国婦人会のお母さんたちも、人を駆り集めるようにして駅頭へ見送りに出ておられました。

街角を歩いているときなど、ふと風にのって「歓呼の声」が聞こえてきたものですけど、今でもあの暗澹《あんたん》とした時世の思い出とともに忘れることができません。

主人の弘一は文子が生まれる前に笠縫小学校を退職してましたが、もともと病弱だったうえに、栄養も十分にとれないためますます体力が衰え、喘息《ぜんそく》みたいにしょっちゅう息を切らし、教壇に立つこともできなかったのです。

弘一が学校をやめていますから、収入の道はありません。

十五年の春に米の強制出荷命令というのが出て、年貢なんかも当てにならなくなりましたので、小作の方に田んぼを一、二枚返してもらい、とにかく家族四人が食べていけるようにと米をつくることにしました。

弘一もわたしも農業の経験がないので、農家の方に田に水を入れるところから刈入まで、すべて教えていただかなくてはなりません。手伝いに来てくださる方は自分の田仕事が終わってから来るので、たいがい夜の作業になりました。

田の隅に竹竿で三つ叉を組んで、そこにカンテラを下げて、カーバイトの火の明かりをたよりに人に教えてもらいながら田を打ったこともありました。

また、春先はどこでも水田に水を引くので川の水位が下がり、地所の高いわが家の田に水を入れるのに難儀したこともありました。田のわきでムシロをかぶって夜中まで待って水をひいたことや、苗が枯れそうになって柄杓《ひしゃく》で根気よく水を汲み入れたこともありました。

しかし、そういう農作業を苦労に思うよりも、わたしは物をつくる大きな喜びを知りました。収穫に対する感謝の気持ちは、クワをにぎってはじめて知ったことでした。それまでの安閑とした暮らしを恥かしいことだと思いました。

最初の年に八俵一斗五升の米がとれたのを今でも覚えております。

そうして日中戦争が終わらないうちに昭和十六年十二月八日、太平洋戦争が勃発したのですが、このとき弘一四十六歳、わたしは三十六歳、長女文子が五歳、次女義子が二歳でした。

わが家の敗戦日記

大勢の若い兵隊さんが、草津の駅で歓呼の声に送られて汽車に乗って行かれました。

戦争が激しくなるにつれて戦死者も多くなり、白布に包んだお骨で帰られる「英霊」もたくさん見かけました。草津小学校の講堂で、戦死された英霊の合同葬が取り行われました。

いつの頃からか出征兵士の見送りが禁止され、「誰それが出征した」というような話さえもおおっぴらにできなくなったものです。

「進め一億火の玉だ」という勇ましい標語も貼られましたけど、大人が戦争に行くばかりでなく、年端もいかぬ小学生まで勤労動員で駆り出され、瀬田にある三井《みつい》の工場で魚雷の部品作りをやらされているという話でした。

昭和十六年十二月に勃発したこの太平洋戦争だけでも三年八か月つづいて、たくさんの兵隊さんが戦死されました。空襲で火の中を逃げまわって死んでいった人も、何万、何十万とおられる。生き残った人も、地を這《は》うような辛酸をなめて生きてきたのでした。

わたしらは辛い思いをしたといっても、住む家があったし、古着を仕立て直したって着る物は何かしらありました。米がないといっても、都会生活にくらべれば多少なりとも食べるものはあったはずです。だから、愚痴っぽいことは話したくありませんが、いま思い返しても身の毛のよだつような暗い陰惨な時代だったと思います。

戦争に行った男たちもかわいそうでしたけど、死にに行くその男たちを見送る女たちも、子どもたちも、親たちもみなかわいそうでした。

わたしが生まれた守山がグラマンの機銃掃射を受け、草津でも急いで疎開するひとがありました。エライ人は鬼畜米英を本土に引きつけて一網打尽にするようなことを話していましたが、戦争は負けるんではないかという噂がひそかに流れていました。

「どんどん兵隊に連れていっても、兵隊さんが戦地に着く前に船が沈められて死んでいくそうだ。大きい声じゃいえないけど……」

「東京へＢ29がトンボが飛ぶようにたくさん来て、家も工場も焼けてしまったそうだ。Ｂ29が来ても迎え撃つ飛行機がなきゃどうしようもない」

人の口にフタはできないといいますけど、ぶと（ぶよ）が鳴くように、もうじき日本は負けるという噂が伝わっていました。

そうして昭和二十年八月十五日、国も人間も疲れきって敗戦を迎えたんです。疎開するところのないわたしの家では裏の藪に防空壕を掘りかけたところで、あの玉音放送を聞くことになったのでした。

八月十四日の夜から、「あす正午に重大放送がある」とラジオが報じていたので、十五日の昼は弘一とわたしはラジオの前に座って待っていたのですが、はじめに『君が代』が流れ、つづいて今上《きんじょう》天皇じきじきの声が伝えられてきました。雑音で聞きとりにくい声でしたけど、弘一は「戦争が終わった」と三度くりかえしていったのを覚えています。

家族四人でさつまいものクキとジャガイモをうかべた重湯をすすって昼の食事をしました。

「嘘じゃないですか。戦争がほんとに終わったんですか」と私。

「嘘じゃない。戦争は終わった」と弘一。

「どうなるんですか」

「どうなるんだろう」

「兵隊さんがもどってきますね」

「兵隊さんがもどってくる」

「アメリカが占領するんですかね」

「アメリカが占領するんだろうな」

「どうなるんですか」

「どうなるんだろう」

病弱で小学校の先生さえ勤まらず、肩身のせまい思いで家にとじこもり、管《くだ》で天をのぞくように暮らしてきた男に国の将来が見通せるはずはありません。戦争が終わって、よくなるのか、さらに悪くなるのか、見当もつきませんでした。

のちに主人弘一の戦中日記を垣間見たことがあります。

「守山の植木屋を呼んで御座所の庭に木犀《もくせい》、木斛《もっこく》、平戸つつじ植樹。守山から石を運んで修理」「大阪から草津の寺に疎開学童来る」「○○氏に米の融通を依頼したが断わられる」「いざという場合助け合うのは近所である。常に親睦を心がけねばならない」「田を見廻り中B29来襲とのこと、××氏宅玄関に避難ん」「午後読書」

ノートにとびとびに書いた日記ですが、自分の気持を書くことはほとんどせず、出来ごとの断片をただ淡々と記しているにすぎません。空襲があればすべて焼けるにまかせるしかない、子どもだけをかかえて避難すればよい——と日頃いっていた弘一ですが、戦争中は病弱で国の役に立てないという自責の念もあり、自分の人生を諦め、息を殺して生きてきたひとのように見えました。

死ぬか生きるかの時代に、「午後読書」と日記に書いたひとです。

小心翼々として、世渡りのまるでへたくそな弘一にとっては、物資不足で殺伐とした戦後もまたしのぎにくい時代だったはずです。あのころは弱肉強食で、力ずくで食料をあさるような時世でしたが、弘一は世知も力もないひとでした。

自分の田で八俵の米がとれても、そこから何俵か供出しなければなりませんでしたから、家の飯米はあいかわらず足りません。知り合いの農家に行って米を分けてほしいと頼んでも、どこの家でも自分たちの食料を確保するのに精一杯で、たいてい断わられました。

精米所をやっておられた渋川《しぶかわ》の水車屋さんは前から懇意でしたので、そこへ主人と二人で頼みに行って麦粉を三升ほど分けていただいたことが何度かありました。それでパンを焼いて、パンといっしょに水をたくさん飲んで空腹を満たしたものです。

水車屋へ行ったときに、木川《きのかわ》だか志津《しづ》だかで青花紙《あおばながみ》をつくっておられたという農家のおかみさんと会ったことがありますが、「戦争で青花紙の注文もあまり来なくなるし、米は供出でみんなとられるし難儀だ」と話しておられた。

青花紙は、江戸時代からつくられてきた草津特産の染料でした。

三代歌川広重『大日本物産図会』(明治14年　草津市蔵)

三月の彼岸ごろ「露草」の種をまき、苗にして畑に植えかえて、八月になったら直径二、三センチの花を毎朝つみ取る。花びらだけにして鉢で揉み、桶に入れて上から重しをのせて「青花液」をしぼり、ハケで和紙にぬりつける。それをムシロの上に並べて天日で乾かし、乾いたらまたハケでぬり、何回もくり返して和紙が重くなるほど青花液を含ませる。その青花紙は友禅の下絵かきに欠かせない染料として、海苔《のり》のようにたたんで京都へ出荷してきたものだそうです。

戦前に青花紙をつくっていた農家のおかみさんは、農業をやっていても米がないと嘆いていました。

京都、大阪あたりから草津の在のほうへ大勢の人が毎日のように買い出しに来ていましたが、戦後の食料不足は深刻なものでした。

本陣の脇の通りに面して傘屋さんがありましたけど、ここのおばあちゃんのことで、いまだに忘れられないことがあります。おばあちゃんの息子さんはどこかで戦死したそうで、英霊（お骨）でかえってきました。

「食べるものがなくても、なにがなくてもいい。息子さえ生きて帰ってきてくれればよかった。わたしゃ東京へ行って、今上天皇に会って、天皇陛下の首にぶらさがって、息子をかえしてくれといってやりたい。兵隊に行くとき、駅まで送っていったら、最後にあらたまった口調で『じゃ、おかあさん』といった。長い間いっしょに暮らしてきたけど、それっきりになった。どうやって死んだかもわからん。戦死の公報が来てから、わたしゃ、『じゃ、おかあさん』といった。あの子のことばを、もう百万べんもくりかえしています。『じゃ、おかあさん』『じゃ、おかあさん』って……」

薄暗い上がり框《がまち》に腰かけて、もう涙も出なくなった、と語っていたおばあちゃんの気落ちした姿が今も目に浮かびます。

余生を生きた人

木屋本陣は昭和九年十一月、国より史跡の指定を受けました。

昭和十五年に国費の補助があって本陣の修理をしましたが、そのあと戦争中も大工さんや庭師さんなんかに年に一度くらい来ていただいて手入れをしてもらいました。

頑丈に出来ていても、江戸時代の建物ですので放っておけばやはりイタミがきます。

戦争が終わっていくらか気持も落着いたので、本陣の屋根瓦の修繕をすることにしました。瓦は葺いた年代や建物などによって形がちがうので、こちらから瓦屋さんへ見本を持っていって注文しなければならない。

山田町《やまだ》の瓦屋さんに百枚ほど注文して、天気のいい日を見計らって弘一と二人で大八車をひいて瓦を受取りに行きました。

弘一はもともと体が弱いのに食料事情が悪くて痩せ細り、うすい胸を喘がせて見るからに頼りない感じでした。

「この道は昔は日光街道といった。比叡山の使節が日光の東照宮へ行くときは、向う岸の坂本から船に乗って琵琶湖をわたり、北山田の港に上陸した。それからこの道を通って草津宿へ出て日光東照宮へ向かったので、港から草津までの一里八丁ほどを日光街道と呼んだ」

弘一は、食料が不足しようが、世間からどう見られようが、あまり頓着しないひとでした。考えてみたところで、自分にはどうなるものでもないと、成りゆきにまかせて達観していたようです。だから、食うや食わずの暮らしをしていても、食料の調達に一家の主《あるじ》として奔走するということもありませんでした。

大八車をひきながら、「江戸時代、琵琶湖の水位が下がって魦漁（えり）（定置網のような漁法）ができなくなり、干上がったところを田んぼにしようとしたこともある」「この辺の農家は昔は肥料の干鰯《ほしか》を敦賀《つるが》から買っていた。海津《かいづ》から船で運んだりしたものだ」などと、のんきに講釈している弘一に歯痒《はがゆ》さを感じても、実際には生活の不如意はどうにもならなかったのです。

お出入りの大工さんにたのんで、大八車で運んだ瓦で本陣の屋根の修繕をしてもらいました。

一枚二枚の瓦の割れなら、わたしが昔かんぴょうを干していた腕前をふるって修理できるのですけど、戦時中の手入れが行き届かなかったのでかなり手間がかかったようでした。

しかし建物だけで四六八坪、部屋数が三十ほどもある本陣を戦中から戦後にかけて維持、管理するのは実のところ容易ではありませんでした。江戸時代の建物ですから老朽もすすんでおり、瓦が割れれば雨もりで壁にシミがつく。庭だって一年放っておけば荒れてしまいます。

戦中から戦後にかけては修理資材の払底《ふってい》、人手不足、さらに家計の逼迫《ひっぱく》などが重なり、その維持にどのくらい難儀したかしれません。国の史跡に指定されているだけに、気苦労もありました。多少残っていた衣類なども、右往左往していた終戦後の一、二年のうちに手放さざるを得ませんでした。

そうしてやっと維持してきた本陣でしたが、二十三年五月、明治天皇草津行在所《あんざいしょ》（天皇の仮の宮という意味）としての国の史跡指定は連合国の占領政策に合わないから解除するといってきました。べつにこちらから頼んで史跡指定にしてもらったわけではないので、ハイハイそうですかと承っておくしかありません。

七月に県の嘱託の方が来て、こんどは、表門前にある標石は取りのぞけ、駕籠をのせて草津川を渡った蓮台《れんだい》は奥へしまえ、明治天皇関係の額は取りはずせ、などと何項目かにわたって指示されました。また、指示に従うしかありません。当時は史跡指定といっても、見学に来られる人はめったにありませんから、解除になっても実際には

行在所の碑が立っていた頃の草津宿本陣
(昭和10年ごろ　草津宿街道交流館提供)

まったく影響はありませんでした。だいいち、食うや食わずの暮らしをしていて、史跡の特典など何の役にもたたなかったのです。

ところがその一年後の二十四年七月、ふたたび国の史跡「草津宿本陣」の指定を受け、またハイハイと承ることになりました。そうして現在に至っております。

昭和二十二年、収入の道がまったく途絶えどうしても家族四人の生活のめどが立たないため、主人弘一はもう一度勤めに出ることになりました。こんどは先生ではなく、草津小学校の事務官として勤務することになりましたが、すでに五十歳を過ぎていた弘一は詰襟《つめえり》の学生服の古着を律儀に着て通勤しました。

そんな服しかなかったのです。

長女の文子はこのとき草津小学校の五年生でした。「お母さん、お父さんにもうちょっとマシな洋服がないんですか。先生たちはきちんとした服で来ているのに、うちのお父さんだけみすぼらしくて恥かしい」

校庭などで親子がすれ違うとき、娘の方はこごんで通り過ぎたそうです。弘一は着る物で人を差別するものではないと口では娘をたしなめていましたけど、内心はどんな思いでしたか……。

弘一は、木屋本陣の誇りを終生捨てなかった父母に溺愛されて育ったひとり息子で、その本陣の十五代目を継いだひとでしたが、もはや先代のような頑《かたく》な衿持《きょうじ》はもっていませんでした。

もともと口数の少なかった弘一は、勤めに出るようになってますます寡黙《かもく》になったようでしたけど、病弱をおして出勤せざるを得なかった家計の逼迫に悩み、自分の非力にたいする自嘲のようなものもあったのかもしれません。世俗的なことから、つとめて遠ざかろうとしているようでした。

ぼくは五十歳まで生きられないだろうといわれてきた。自分でも五十ぐらいが寿命だと思っていた。——弘一は何度かそういったことがありましたが、弘一にとっては終戦の年がちょうどその五十歳でした。

義父森之助と弘一は、若い頃は親子でありながら性格が「動」と「静」でまるで似ていないようでしたけど、二人とも年とともに世を捨てた隠遁者のようになり、やはり親子だなと思いました。

灯心で勝手土間入口付近を照らした八方《はっぽう》（上）と、防火用の竹籠

戦時中廃《すた》れていた草津大市《おおいち》が復活したのは、二十三、四年ごろからだったでしょうか。お盆前の八月十一日と暮れの十二月二十六日、本町通りの両側に露店が櫛《くし》の目のように並び、戦前のひと頃のような小屋がけのサーカスこそ来ませんでしたが、戦争の傷がすっかり癒《い》えたような賑わいをみせたものでした。

小学生の文子と義子を連れて戦後の大市を見て歩いたときは、日陰からいきなり夏の日当たりに飛び出したような、途惑いさえ覚えたものです。

人生の長い旅路

明治三十八年八月二日、守山市の在に生まれ今年ちょうど八十歳になりました。長い長い旅をしてきたような気持であります。

わたしが生まれたころは、まだ、どうかすると町で武士のようにチョンマゲを結ったひとに会ったものでした。

大正十三年春、はたちのときに本陣に嫁入りしました。

二十代というのは、男にとっても、女にとっても、人生のうちのただ一度の花の季節ですけれども、いま、その六十年ほど前をふり返ってみても、心ときめくような思い出はあまりよみがえってきません。

たわいもないことに狂喜した女学校時代がただ度の青春の彩りのようなものだったのでしょうか。ひとりのひとを激《たぎ》るような想いで思いつづけたこともなかったし、心に余韻を残すような華やかな出来ごとなんて、あの時代にはありませんでした。

日々平凡に生きることが幸せだと、平凡にしか生きられなかった親たちに教えられ、平凡に年をとってきました。

今ふり返ってみて、十代、二十代、三十代のころに何を考え、何を夢見て暮らしたものか見当もつきません。長い人生には、もしかしてほかの生き方もあったのではないかと一度二度考えることはあっても、所詮は絵空ごとの夢でした。すべて縁でひとと出会い、縁で別れ、縁で暮らしを立ててきたと思っております。

草津の駅頭で「万歳、万歳」と唱えて大勢の若い人たちが、海を渡って他国へ行って戦争で死なれた。あれからだって四十年過ぎました。

あの戦争のときが、わたしの人生のちょうど折り返し点みたいなものですが、前半は手探りで生きた薄闇の時代でありました。

わたしのような知恵のないいなか者でも、戦争は罪だと思うのに、大勢の賢い人たちが英知を集めて政治をやって、どうしてあんな愚かなことに一生懸命になったもんですかね。馬鹿なことに、大きな情熱をつぎ込んだもんです。

この世は出会いと別離のくり返しだといいますけど、長く生きると何度も別れをくり返さなければならず、それがなによりも辛いことであります。甘い蜜月のような出会いばかりだとこの世は楽しいのですが……。

何人も身近かなひとに先立たれましたが、やはり主人弘一の死が一番応《こた》えました。弘一は敗戦の年が五十歳で、五十歳過ぎたらヨロクだというほどひ弱なひとでしたけれど、三十九年九月十九日、六十九歳で彼岸に渡りました。十九年ほどヨロクを生きたことになります。

弘一もちょっと寝込んで、呆《あ》っ気《け》なく死にました。朝十時ごろ、ついていた看護婦さんが「ご臨終です」と告げましたが、いつ死んだのかわからないような静かな死でした。

華やかに開かれた東京オリンピックの直前でしたけど、秋空が晴れ渡り、庭の柿の木に青い実がたわわになっていたその景色が、妙に脳裡《のうり》にやきついております。死は誰にも一度は訪れることであり、主人の場合はある程度死期を予測しておりましたけど、いざ死の瞬間を迎えるとやはりガクッと気落ちするものであります。しかし、天命であったという諦めのようなものがありますから、哀惜《あいせき》の念に耐えられないということはないし、途方に暮れて泣きくずれるということもありませんでした。

正定寺の住職さまに導師をつとめてもらい、三仏六役、九人のお坊さんによって奥の間で葬式を営みました。あの頃は割り木を町内会で出して青地の火葬場で荼毘《だび》に付したものです。

人間はこの世での役目が終わると死ぬと森之助がいうてましたけど、二人の娘が無事成人したのを見届けて、役目を果たしたと思ったんでしょうか。

一周忌の法要を内輪で営んだあと、本山である京都の知恩院《ちおんいん》に納骨しました。

そのころお手伝さんに来てもらっていましたが、納骨の帰りにお手伝さんのみやげ

「奥の間」

田中家の住居部分にあたり、房さんが嫁いだ際の
神式の結婚式もこの部屋を用いた。

にネルの生地を買ってきたのを覚えております。

いっぱいヨロクを生きたようなひとでしたけれど、四十年一緒に暮らしましたから、いざ逝《い》かれてみると残ったものは寂しいものです。困ったことがあったり、変わったことがあったりして、その話をしようとひょいとふり向いても、いつも座っていたところにそのひとがいない。ああ、死んじゃったんだと思い、話をするきっかけがなくなる。

主人が死んだ直後は、すき間風みたいな空虚が心をよぎることがときどきありました。

知恩院へ納骨に行ったのもついこの間のような気がするのに、あれからでももう二十年経ちました。

今となれば、書斎で背中を丸めて本を読んでいた後ろ姿とか、薄暗い土間で味噌をつくっていたときのこととか、麦ワラ帽子をかぶって庭の草むしりをしている姿とか、黒い詰襟を着て勤めに出ていった姿とか——折々のこま切れの記憶を、時たまふと思い浮かべるぐらいでありります。

嫁に来ていくばくも経たん頃、主人が、「おまえが来たから女中が一人ふえたようだ」といったことがありました。その前後のことはまるで思い出せないのに、そのことばだけは覚えているんです。そのときは、ひどいことをいうとよほど腹を立てていたんでしょう。

六十年ほども前のどうでもいいことをいまだに忘れないのです。

時代からおいてきぼりをくったようなひとでしたけど、わたしをおいてきぼりにして、自分だけさっさと逝ってしまいました。あのひとは、ほんとうはわたしのことをどう思っていたのか、ついに聞きそびれてしまって、それが心残り……。

近所から葬式が出ますと、家の表門のところに樒《しきみ》を置かせてくれとたのみに来られることがあります。表門のところで線香がいぶっていると、近所のひとが勘ちがいして、「房さん、また死なれたか」といって通り過ぎる人もいます。三度ほど死んだことになっていますけど、当人はしゃしゃり出て生き恥をさらしております。

四、五年ほど前までは、瓦の修理に梯子《はしご》で屋根にのぼったりしていましたが、もう体力も衰えて、お出入りの大工さんに本陣の瓦の葺きかえをたのんだり、年に一度庭師に来てもらったりしています。

体が思うように動かないだけに、強い風でも吹くと、枝が飛んで瓦が割れたりしないか、おろおろと屋根を眺めたりしております。

本陣の建物も年々、老朽化しますけど、それを見守っているわたしもまた老化する。建物の維持にばあさんがあれこれ腐心するのは、それこそ老婆心というものかもしれません。

このごろは正定寺の月一回の法会《ほうえ》に出るのを楽しみにしておりますが、まだまだ心が足りません。

凡人が上手に年をとるのは、竹にバラの花を咲かせるほどむずかしいことであります。

四　おばあさんの備忘録

草津宿よもやま話

むかしは、夏は食事のあと蔵へ行って、土間に寝茣蓙を敷いて一時間ほど昼寝をするのがこの家の習慣でした。

蔵の中は、ひんやりと涼しく、静かですから昼寝にはもってこいの場所であります。昼寝が終わると、茣蓙を丸めてそれぞれ蔵を出ますが、スイカでも冷えていれば、また井戸端に寄って切って食べたりする。

主人の弘一や森之助がそのまま蔵にとどまって、本陣時代の所蔵品のホコリを払いながら、「これが明治天皇から頂いたお膳《ぜん》とお箸《はし》、こっちが天皇がおはきになった草履」というふうに説明してくれることもありました。自分が子どもの頃この家は財産を失った、恥かしい思いもした、と森之助が話したのもたしか蔵の中ででした。

蔵の中で虫干しをやっているときや、冬場掘ごたつで手持ちぶさたにしているときや、庭で焚火をやっているときなど折おりに、主人の弘一や森之助から草津宿のこと、琵琶湖水運のこと、木屋本陣の歴史などについての話を聞くのが楽しみでした。

弘一や森之助のほうでも、何も知らないわたしに話をしながら、得意な気分にひたっているみたいなところがありました。

だから私の話すことは、弘一や森之助の受け売りか、人さまが書かれたものからの無断拝借ばかりであります。わたしの発明した知識はひとつもありません。

昔の草津宿の話をしましょう――。

草津は大きな宿場だったから「かせぎ渡世《とせい》」ができ、いろんな人間が集まってきて暮らしていました。男は駕籠かき、馬方、川人足、旅籠の客引きである「宿男」などをやり、女は飯盛女《めしもりおんな》、留女《とめおんな》（女客引き）などをやりました。

飯盛女は遊女と同じことをしたわけですが、宿場の遊女は禁止されていたので、表向きは飯盛女として旅籠に住み込んでいたのです。そういう飯盛女がこの宿に六十人ほどいた、という天保のころの記録があります。

前借金で売られて来て飯盛女として年季奉公し、ひとりいくらの運上金（税金）を払ったが、稼ぎが少ないといって旅籠の主人に折檻されて自殺した女もいました。

湯殿（草津宿本陣提供）

湯殿用の湯を沸かした「湯沸かし屋形」

飯盛女は稼ぎをあげるために、助郷人足や、物売りのために村から出てくる男衆を誘って宿に引きとめるものですから村でも困りました。

それで「宿場の飯盛女のために村の男衆に遊びぐせがついて風紀が乱れ、無理に金の算段をして悪事を働く者さえいる。飯盛女を取締ってほしい」と村から藩へ訴えが出されたこともありました。

幕末の頃になると、どこの藩でも財政が苦しくなってきたために参勤交代で宿場に泊まっても、あまり金をつかわなくなります。

宿場と宿場の中間にある村を「間《あい》」といいましたが、貧乏な藩などでは参勤交代の旅費を節約するために「間」の旅人宿を利用するところもありました。高級旅館をさけて、民宿に泊まるようなものです。

そんなことで客足が少なくなると旅籠も困るし、飯盛女たちも困るし、客引きである宿男、留女たちも困ります。たがいに宿場のはずれまで客を迎えに行ったり、強引に客の袖を引いたりするようになっていざこざがおこり、旅籠屋仲間で争いがおこらないよう掟を取り決めたりしたようであります。

掟といえば、江戸時代には膳所藩《ぜぜ》からも度々、ああしてはいけないこうしてはいけないという触書《ふれがき》が出されました。

寛文八年（一六六八）には衣食住についての八か条の触書が出され、農民は麻布・木綿のほかは着てはならない、染色は紫と紅は禁止、雑穀を食べ米はなるべく食べない、婚礼などは身分不相応に派手にやってはいけない、などと規制しています。

勝負ごとの禁止、夜盗に対する注意、家のまわりに藪をつくって下草を堆肥にするようにといったことまで、おカミは指示したこともありました。

不相応な暮らしで家をつぶしたりされると、藩も困ったからでしょう。

草津宿では幕末の安政六年（一八五九）に「トンコロリ」というはやり病のために多くの死人が出た、という記録があります。これはその年に京、大坂でもはやったコレラのことですが、神仏におすがりするしか方法のない時代ですから、草津宿の鎮守社である立木神社でトンコロリ退散を祈願する護摩修行が夜となく昼となく行われました。

宿場や近在から何百もの提灯が献灯され、祭りのときの「榊踊」が奉納され、みな弁当を持って見物に集った。町のなかでも家々の軒下に提灯を下げ、太鼓を打ち鳴らして歩いたそうです。

「かぜ」のはやった年には、ワラ人形をかついで太鼓を打ち鳴らしながら宿場内を歩き、かぜのケガレのついたワラ人形を、「虫送り」のように村境へ持って行って焼いたといいます。人の力の及ばない災難には、神仏にすがるしか方法がなかったのです。

イナゴに田畑を荒らされたり、長い間雨が降らなくて水不足になったときなども、神社に祈願して「俄《にわか》（即興芝居）」や「神楽《かぐら》」を奉納しました。この辺の在から、伊勢神宮や京都の寺へ雨乞いのお札をもらいに行ったという記録もあります。

義父の森之助も、よく神社にお詣りするひとでした。

草津川の今昔

すぐ近くの草津川は桜の名所で、花どきになると近在からひとが集まり、土堤のあちこちにゴザやむしろを敷いて酒盛りしたものです。昔から東新地の芸者さんなども出て賑わったそうですが、裏の「御除《およ》け門」から草津川までほんのひとまたぎの距離で、土堤にのぼれば桜が一望できるだけにわざわざご馳走つくって出かける気にもなりませんでした。

本陣職にあったころは物見遊山や野点《のだて》などもやったようで、野外で用いた蒔絵をほどこした銅の「茶弁当」などが今も残っておりますけれども、この家はわたしが嫁に来てからは風流などとはまったく無縁でした。

草津川は天井川[*1]というぐらいで、家の屋根ほどの高いところを流れている珍しい川であります。古くから川底の砂上げをくり返しているうちに高くなったもので、川幅十三間、ふだんは水の少ない川ですが、上流に雨が降るとまたたく間に濁流が渦まくような恐ろしい川であります。

享和二年（一八〇二）に草津宿の上流のほうで土堤がくずれて洪水がおこり、家が三百軒ほど流されたほか何百人もの行方不明者、死者を出したという記録があります。

＊1　草津川は天井川でしたが、現在は廃川となり、新たに付け替えられ、草津川跡は「de愛広場」という公園になっています。

屋根にまたがったり、木に登ったりして命拾いしたひとも、あまりのむごたらしさに悲嘆にくれたと書かれております。

川筋の村では何年かおきに人足をくり出して大がかりな「川ざらい」をやった。さらに上流で堤防が決壊しても宿場が洪水の直撃を受けないよう、込田《こみだ》池のほうへあふれた水を流すようにしたものだそうです。その池は戦後まであり、四十三年に埋めてましたが、現在の市民会館の建っているところ[*2]であります。

戦後にも草津川は何度か洪水になりそうなことがあって、壊れそうな所をなおすから竹をくれ、と男衆が来て裏の竹藪から竹を切っていかれたこともありました。

昔は草津川にかぎらず川が切れることがよくあったようで、わたしが子どものころ守山の野洲《やす》川が洪水になり、溺れ死んだひとの遺体が寺の境内にムシロをかけて横たえられているのを見たことがあります。

江戸時代は草津川に橋がなく旅人は川中を歩いて渡りましたが、橋がないのに旅人は「橋銭」という通行料を払わされました。

＊2　現在は草津市役所が建っています。

込田池と草津市役所庁舎（昭和43年撮影　草津宿街道交流館提供）
草津市役所庁舎は昭和33年完成。奥の込田池は間もなく埋め立てられた。

水かさが上がると川越人足が手助けするので、橋銭も高くなったそうです。大名やその家臣などからは橋銭はとりませんでした。お金をとらないばかりか、駕籠を蓮《れん》台《だい》（輦台《れんだい》とも書く）に乗せて川越をさせたので、木屋本陣で用いた蓮台が今も残っております。

江戸時代に橋銭を取って川のなかを歩かせた草津川の下に明治十九年（一八八六）、レンガのアーチ式のトンネルを掘って、人間が川の下を通ることになりました。明治三十八年にトンネルを改修して広げたようですけど、川の下のトンネル道は珍しいというので一時は草津の名物になっていたと聞きました。

大正のころ、花見どきに草津川の川原で競馬のようなものが行われて、人が大勢出るので芸人が来て土堤に小屋がけしたものだそうです。農家で飼っている馬を持ち寄ったようですが、競走したのか馬市のようなものだったのかわたしにはわかりません。

馬を飼う人が減ったためか、いつの間にか消えてしまったと聞きました。

式台と呼ばれる玄関広間前の板敷の部分に置かれた蓮台

草津川の馬駆け（昭和30年ごろ　草津宿街道交流館提供）

琵琶湖の渡し船

わたしは大津高等女学校の寮にいたころ、琵琶湖の汽船に二度ほど乗ったことがありました。

一度は女学校の夏休みが終わって、守山の実家から寮にもどるために山田港から浜大津へ向かったときです。三十人ほど座れる船で、甲板にも同じほどのひとが立っていたような記憶があります。山田港から浜大津まで三十分ほどだったと思いますけど、船の上から眺める風景は陸とちがったおもむきがあって、なんとなくはしゃいだ気分になったものでした。

もう一度は女学校から琵琶湖にうかぶ竹生島《ちくぶ》へ遠足に出かけたときで、彦根からだったか、浜大津からだったか忘れましたが、大勢で汽船に乗りました。

竹生島は小さな島ですが、水面にうつる島の姿が美しいというので琵琶湖八景の一つに数えられ、『平家物語』などに語られてきた島であります。この竹生島には西国

山田港と汽船（草津宿街道交流館提供）

矢橋港と常夜灯（草津宿街道交流館提供）

三十番の霊場宝厳寺《ほうごん》と、五穀豊穣を祈願する都久夫須麻《つくぶすま》神社があって、古くから船で人びとが参詣したものでした。

船着場の石段の右手に観音堂が建っていたのを今も覚えております。

古くから琵琶湖の水運がさかんで、たくさんの船が人や物を運んだといわれていますが、草津の矢橋港、山田港はとくに賑わい、矢橋には大名が泊まる本陣みたいな宿もあり、享保のころには丸子船だけでも三十二隻ほどあったそうです。江戸時代の名残りの常夜灯が今も矢橋に建っていますが、夜はその常夜灯に火を入れて大津からの戻り船の目じるしにした。

伊勢参りに行く人たちも多くこの船を利用しましたが、湖面が荒れさえしなければ目の保養になり、旅路の骨休めにもなったといいます。矢橋に上陸した人たちが草津へ出たわけです。

三十二隻の船で間に合わなくて、ほかの浦からも応援の船をたのむことがあったというぐらいですから、たいへんな賑わいだったんでしょう。

天和《てんな》の頃に突風で船が沈み、二、三十人の死人が出たためにその直後は船に乗る人が減り、何人もの船頭が生活できなくなって奉行所へ援助を願い出た、という記録もあります。同じ草津の山田港も、矢橋と並ぶ要港として賑わったといわれますが、明治維新で参勤交代が廃止されたり、水位が下がって港が使えなくなったりして琵琶湖の水運が衰えました。

かろうじて残っていた船も、明治二十二年の東海道線の開通でまた大きな影響を受け、昭和の初めごろにバスが走るに至って琵琶湖の渡しを利用する人がほぼ絶えたといわれます。

港をよるべに暮らした人たちも、水運の衰えとともにいずこへか去り、ここがかつての繁栄の跡だといっても、どのように繁栄したものか今は想像もつきません。水位が下がって田んぼになったところに、矢橋港だった石積みの船着き場と常夜灯が残っていて、わずかに往時をしのぶことができますが、これもまた時代の流れというものでしょう。

琵琶湖は古くから漁業も行われたところで、魚の通路に簀《す》を張りめぐらして魚を〝ツボ〟に追い込む「魞《えり》漁」という定置網のような漁法がさかんでした。これで鮎や鮒や鯉などをとり、近隣の村に売りさばいてきたのです。

魞のほかに大網を使った漁もあり、他所の村へ出かけて大網で魚を揚げるときはその村に断わり、「浦分け」といって揚げた魚を半分ずつ山分けするのがきまりだったといいます。

水のなかの魚をとるばかりでなく、夜、水面におりて休む水鳥や鴨《かも》をとる「浮《うけ》はえ」という猟も琵琶湖で行なわれたそうです。

「とりもち」をつけた細い藤のつるを長くつないで、そのつるを鳥の来そうなところ「ウキ」をつけて風まかせに流しておく。とりもちにくっついて飛べなくなった鳥をとるのです。

猟師は鳥札という鑑札をうけ、猟場をきめて税金を払って猟をやっていましたが、暮らしに困って密猟する者もおり、京都の町奉行所へ仲裁を申し出たこともあったという記録があります。

義父の森之助は、生活をきりつめても仏壇への供え物と灯明を欠かさなかったひとですが、大津の石山寺に伝わる「縁起《えんぎ》」の話をしたことがありました。

ある年、東国の人たちが京都で裁判をやった帰りに、瀬田の唐橋を通った。景色があまりにも美しいので橋の上で見とれているうち、裁判に勝っただいじな宣告文を川に落としてしまった。困った東国の人たちが石山寺の観音さまにお参りしたが、その夜、宇治《うじ》川の漁師に聞けばわかるというお告げがあった。次の日、漁師をたずねて魚市場へ行くと、大きな鯉が売りに出ていた。買って腹をさくと橋の上で落とした巻物が出てきた——。

こんなような筋の話でしたけど、信心深い森之助は観音さまのお告げなどを信じるようなひとでした。

矢橋の魚売りのおばあさんが持ってくる鯉を井戸端で料理しながら、鯉の腹から何か出てこないものかと、わたしも奇跡を空想してみることもありました。

薄暗い明かりの下で鯉をさいていると、飛んだウロコがキラッと光ることがあり、あれ、さっきまで生きていたのに悪いことをしたものだ、と思うことがよくありました。

人間は、どんなに心優しく生きようと心掛けても、知らず知らずに罪を重ねているのかもしれません。

盆とお正月

森之助は信心深いひとでした。

お盆が近づいて来ると、いつも、こういっていたものです。

――わたしらは、仏さまに守られて暮らしている。先祖の追善供養をしない家は仏の守護も得られず、幸せになれない。安らかに暮らしていけるのも、仏のお蔭、先祖の霊のお蔭である。一日一日、生かして頂いていることを仏に感謝しながら生きなければならない。お盆には先祖の霊がかえってくるから、心こめて供養しなければならない。

森之助の生前は、この家にとってお盆はもっとも大きな〝年中行事〟でした。お盆のはじまるのは八月十三日からですけど八月四日に家族そろって正定寺へ墓参りに行き、まずお坊さんの読経で「本堂づとめ」をしたあとお墓参りをしたものです。

本家の墓と分家の墓にそれぞれ庭で育てた花などを供えてお参りします。

十一日から、仏具を磨いたり、蔵から輪灯《りんとう》を出したり、供え物の用意をしたり、盆を迎える準備に取りかかります。

そうして十三日には昼間のうちに供え物をしますけど、仏壇には位牌が十四まつってあり、その一つ一つにぶどう、梨、桃などを盛った盛り台を供えるのです。そうめん、ゆば、おはぎ、そのほか畑の物も山盛りにお供えします。「お精霊《しょうらい》さん」が乗って来ると伝えられている馬の形のだんごもつくって供えます。

夕方、お風呂に入って体をきよめたあと、仏壇の両側にある輪灯の油に灯を入れ、家族そろってお参りする。そうして森之助のとなえるお経に家族が唱和して、先祖の霊を家に迎えたものでした。

十四日の朝は十四の位牌にそれぞれあずき粥とうりの漬け物、それにスイカを切って供えるきまりになっていました。スイカを供えることを「おちつき」といっていましたけど、仏さまどうぞ落ち着いてくださいというお愛想の意味だったのでしょうか。

昼には白いご飯、おひたし、煮しめものを供え、夜にはまた供えものを変えて仏さまに食事をしてもらいました。

先祖の霊が霊界にもどられるのは十五日の宵《よい》の口であります。男たちは裃《かみしも》姿、義母のつたとわたしは浴衣《ゆかた》姿でお参りしますが、そのおりに輪灯の灯はつけっぱなしにしておいて、油が切れて灯が消えたら「さあ帰られた」といったものでした。森之助は「仏さまは早目に帰りたいようだ」などといって、油を少なめに加減していたようでした。

仏さまが帰ったら供え物と活けた花を蓮《はす》の葉にくるみ、それを持って正定寺にお参りし、伯母《おば》川へ行って流したものです。流すときには、蓮の葉の包みに火をつけた線香を立て、転ばないようそっと浮かべました。

仏さまを帰した次の十六日は「藪入り」で、守山の生家に行って一泊しますが、なにしろ子どもが十一人もいた家ですから孫も多く、三十人ほど集まりました。娘が生まれてからは、わたしも娘を連れて里帰りしましたが、明かるいうちに庭で記念撮影をし、夜はとり肉のすき焼きを食べるのが恒例になっておりました。

先祖供養は丁寧に心をこめてやらなければならないといっていた義父の森之助が亡

くなり、義母のつたも主人の弘一も亡くなってしまったので、お盆供養も昔ほど張り込んでやらなくなりました。

生前の森之助は怒りっぽいひとでしたが、ああいうひとは仏さまになってもやはり怒りっぽいもんでしょうか。

「お房、おまえは信心が足りないからお盆供養も先祖供養もおろそかにしている」と怒っておられるかもしれません。

正月は一年をきめる大きな節目であります。

この家では暮れに家族でエビ縄とシメ縄をあんでおいて、表門と裏の「御除け門」に張りました。この家の田のワラをエビ縄用に「物入れ」（物置小屋）にしまっておくのが常でしたが、ワラがいたんで使えないようなときは農家から分けて頂き、六尺ふんどしを紙に包んでその礼に渡したものでした。

六尺ふんどしといえば、今の人はニガ笑いしますが、昔は殿方の下ばきとしてだいじなものだったのです。

仏壇のお供えはもちろんですが、稲荷さんにも「御除け門」の中の妙見宮にも、正月は神酒やお鏡餅を供え、家族みんなで経をあげてお参りするのがきまりでした。家内安全を祈願したものであります。

以前には稲荷さんの中に妙見さんも一緒にまつっていたんですが、馬の妙見さんと稲荷さんのキツネと勢力争いをやると困るというので別々にまつるようにしたと義父の森之助がいってました。神さま同士でも勢力争いをやるんでしょうか。

正月の「三か日」は、玄関をあけてばかりいると福が逃げるからあまり開け閉《た》てするなといっていました。

一月十五日は左義長《さぎちょう》で庭で、シメ縄やエビ縄などを焼きます。八幡《はちまん》山の麓にある日牟礼《ひむれ》八幡宮の左義長祭りは、ワラでつくった山車《だし》を町内ごとにかついで練り歩き、最後に八幡神社の馬場に勢ぞろいして山車を焼く祭りだそうですが、夜空をこがして燃えさかる景色は壮観なものだといわれております。豊作と火除けを祈願する祭りだというので、遠くからもお参りの人があるそうです。

人生折々の節目

人間は生まれたときから死ぬまで、いや、死後までも節目、折り目に通過儀式をやるものであります。このごろは粗略にしたり、省略したりしておりますが、昔はどの家でもひと通りのことはやったものでした。

まず、妊娠すると五か月目に「腹帯の儀」というのをやりました。帯祝《おびいわい》ともいいますけど、安産の守り神である戌《いぬ》の日を選んで産婆さんに来てもらい、妊婦の腹に帯をまいてもらうのです。

長女文子のおりには、里から「はらみ団子」という餡《あん》入りのよもぎ団子と生鯛、木綿などが届けられ、祝いの膳を出しました。

間引きの多かった昔でも、この帯祝のすんだ子は育てなければならなかったそうです。

誕生すると七日目が「お七夜」で、この日に名前をつける。その次が氏神に参拝す

草津の鎮守社である立木神社（サンライズ出版撮影）

る「お宮参り」で、男児三十二日目、女児三十三日目というきまりですが、そのころの大安の日を選んでお参りしたものです。彼岸中はさけることになっていました。

昔は宮参りをして氏子入りをさせてもらい、ムラの子として仲間入りを果たす意味合いだったようですが、今は子どもの幸せを祈願するだけのものに変わったようです。

生後百日目は「食初《くいぞ》め」。赤飯と焼き魚をのせた食膳に向かって子どもを抱いて座らせ、赤飯を一粒二粒口に入れてやります。歯が生えるころの祝いですが、わたしらの母の時代は子どもの枕に入れておいた小豆で赤飯を炊いたものだそうです。

初節供は男の子は五月五日、女の子は三月三日で、ハマ弓・矢、手まり、人形、羽子板などを里のほうから贈ることになっていました。文子のときも守山の実家から雛人形を贈ってもらいました。そのあとにつづくのが「七五三」で、男児が三歳、五歳、女児が三歳、七歳にお宮参りをします。

昔は十五歳ぐらいになると女は「娘組」というような集まりに入り、「娘宿」に泊まりに行ったものだそうです。男は「若者組」に入り、「若者宿」に泊まったりしたが、集まり同士たがいに交際しながら縁談をすすめたり、村祭りを営んだり、祝儀不祝儀の手伝いをしたそうです。娘組とか若者組に入ることによって一人前として認められたのです。

だんだん年をとって人生の後ろのほうへいきますと、銀婚式、金婚式などと結婚後の節目のところで祝いをやる。また、これとは別に長寿の祝いもやります。四十歳を初老といい、五十歳が人生のひと区切りと考えられていました。六十一歳が還暦、七十歳が古稀、七十七歳が喜の字、八十八歳が米寿。

七十歳を古稀というのは、杜甫《とほ》の「人生七十古来稀なり」という詩から借りたことばだそうですけど、昔は七十年生きる人はよほど珍しかったのでしょう。

いつの間にかその七十も過ぎ八十歳になってしまいました。義父の森之助は臨終の床のなかで、この世での用事がすんだらあの世へ逝《い》くようにきめられている、といっておりましたが、八十のばあさんにこの先どんな用事があるというのでしょうか。

昔のひとの二倍ぐらい生きました。

田中七左衛門本陣関連年表

和暦（西暦）	主な出来事
慶長三年（一五九七）	この年、田中七左衛門家が草津に来往したと由緒書にみえる
慶長五年（一六〇〇）	関ケ原合戦直後、草津村に福島正則の禁制が下され、すでに徳川家康の支配に組み入れられたことがわかる
慶長六年（一六〇一）	徳川家康、東海道各宿へ伝馬定を下し、草津宿では一八〇〇坪の地子免許が免される
寛永十二年（一六三五）	参覲（勤）交代の制を定める。この年、田中七左衛門家が本陣職を拝命する
元禄五年（一六九二）	現存するうち最も古い大福帳が作成される
元禄十二年（一六九九）	この年の大福帳に吉良上野介、浅野内匠頭の名がみえる
正徳二年（一七一二）	草津宿など全国五カ所に貫目改所が設置される
享保三年（一七一八）	草津宿で大火、一〇〇軒以上の民家が焼失。田中七左衛門本陣も建物が類焼し、瓦浜御殿を移築する
宝暦十年（一七六〇）	出雲国松江藩の飛脚請所を勤めた田中七左衛門本陣が、飛脚請負銀の増額を願う

和暦（西暦）	主な出来事
明和三年（一七六六）	東海道各宿本陣が困窮のため休泊諸大名に助成を願う
安永三年（一七七四）	草津宿本陣九蔵・七左衛門・石部宿本陣ら四人、帯刀を許される
天明五年（一七八五）	東海道諸宿の本陣、困窮を申し立てる
享和二年（一八〇二）	草津川が決壊し、草津宿は大洪水に見舞われる。洪水により問屋場が流失、江戸より左側の仮問屋にて事務を執る
文政八年（一八二五）	大名は本陣に休泊すべきものであるとし、端場茶屋での休泊を禁止する
文政九年（一八二六）	この年の大福帳に阿蘭陀《オランダ》人の記載があり、ドイツの博物学者シーボルトが泊まったことがうかがえる
文政十三年（一八一六）	東海道と中山道の分岐点に火袋付きの道標が寄進される
天保元年（一八三〇）	東海道諸宿の本陣、窮乏を訴え、救済を願い出る
天保七年（一八三一）	田中七左衛門、石見国浜田へ転封になった松平家に対してお定本陣の指定を願い、聞き届けられる
天保十年（一八三九）	参勤交代の途次、日向国佐土原藩主島津飛弾守忠徹が田中七左衛門本陣において逝去するが、跡日相続が決まっておらず、同本陣で六〇日間逗留する

嘉永元年（一八四八）	草津宿を大雨が襲う。この時の豪雨で草津宿は大きな被害を受ける。貫目改所が強雨により破損する。洪水にて破損した問屋場等が修復され、引き移って執務を始める
嘉永五年（一八五二）	本陣の経済状況も悪化し、田中七左衛門が膳所藩へ銀子拝借を願い出る
万延元年（一八六〇）	和宮降嫁の通行に先がけ、本陣・脇本陣・旅籠屋の絵図を差し出すよう道中奉行から命じられる。和宮降嫁の道筋絵図を草津宿では大黒屋弥助が作成し提出する
文久元年（一八六一）	将軍徳川家茂に嫁ぐこととなった和宮は、江戸へ向かう途次、草津宿にて昼休みをとる
文久二年（一八六二）	大名参勤の制を弛め、妻子の帰国も自由とする
文久三年（一八六三）	将軍家茂上洛に際し、草津宿に入り、九蔵本陣にて昼休みをとる翌日二条城へ入る
慶応三年（一八六七）	将軍徳川慶喜が大政奉還を朝廷に上表する。王政復古　草津で伊勢神宮のお札が降る（ええじゃないか）
明治元年（一八六八）	大政御一新につき貫目改所出役人が廃止される。宿駅役所を置き、街道のことを支配させる。宿駅役所は駅逓役所と改称され、宿助郷取調役が巡回することとなるが、それに際して心得方が指示される

和暦（西暦）	主な出来事
明治元年（一八六八）	明治天皇が東幸の途上で田中七左衛門本陣にて昼休をとる。この後、同十一年まで五回にわたり休泊
明治三年（一八七〇）	本陣・脇本陣の名目を廃止する
明治四年（一八七一）	廃藩置県
明治五年（一八七二）	宿駅制度廃止
明治七年（一八七四）	静寛院宮（和宮）が小休のために田中七左衛門家を訪れる。現存するうち最後の大福帳が作成される
明治十二年（一八七九）	旧七左衛門本陣に栗太郡役所が置かれる。以後、昭和四〇年代まで医院・公民館などに利用される
明治二十二年（一八八九）	東海道線開通、草津駅が開業
明治三十八年（一九〇五）	仁志出房、野洲郡河西村に生まれる
大正十三年（一九二四）	仁志出房、十五代田中弘一に嫁ぐ
昭和八年（一九三三）	明治天皇聖蹟として「史蹟明治天皇草津行在所」に指定される
昭和十一年（一九三六）	長女・文子が生まれる。十四代田中森之助（義父）死去
昭和十二年（一九三七）	田中つた（義母）死去

昭和十五年（一九四〇）	史蹟明治天皇草津行在所修理工事竣工
昭和二十年（一九四五）	郡役所時代の会議室を草津町の縫製授産場として使用
昭和二十三年（一九四八）	史蹟明治天皇草津行在所の史跡指定解除
昭和二十四年（一九四九）	史跡草津宿本陣として国の史跡に指定される
昭和二十八年（一九五三）	玄関の松が枯れ、守山から移植
昭和三十九年（一九六四）	田中弘一死去
昭和六十年（一九八五）	青木健作著『草津本陣風土記』（地平社版）発行
平成元年（一九八九）	田中房死去
平成八年（一九九六）	第一次保存整備工事完了、一般公開を開始
平成二十八年（二〇一六）	第二次保存整備工事完了
平成三十年（二〇一八）	草津宿本陣歴史資料調査（～令和三年まで）

※『草津市史』第五巻所収の「草津宿関連年表」を参考に作成。

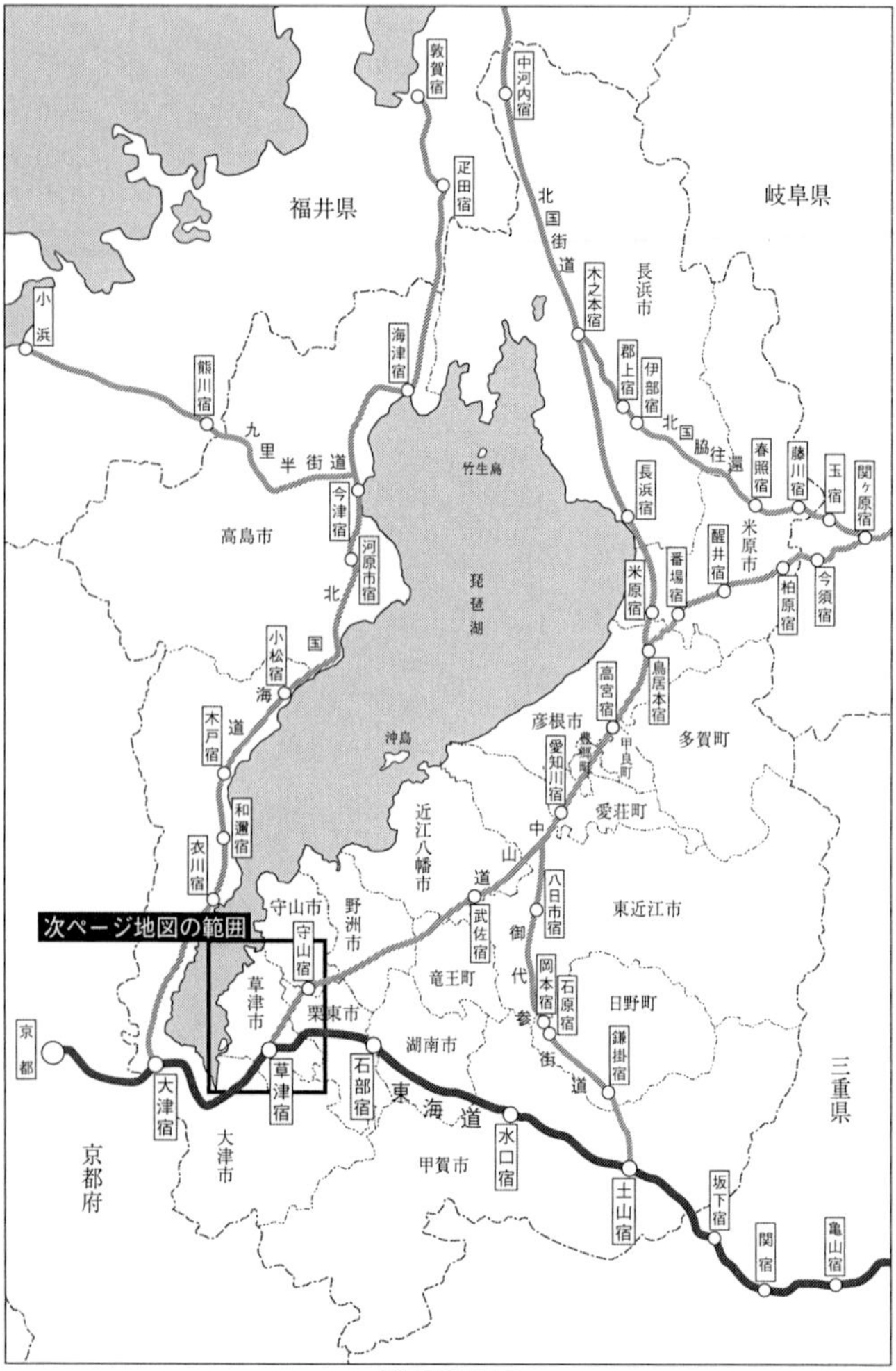
福井県
岐阜県
敦賀宿
中河内宿
疋田宿
北国街道
木之本宿
長浜市
小浜
熊川宿
九里半街道
海津宿
郡上宿
伊部宿
北国脇往還
竹生島
春照宿
藤川宿
玉宿
関ヶ原宿
今津宿
長浜宿
高島市
河原市宿
米原市
琵琶湖
米原宿
番場宿
醒井宿
柏原宿
今須宿
北国海道
小松宿
鳥居本宿
高宮宿
彦根市
木戸宿
沖島
豊郷町
甲良町
多賀町
愛知川宿
近江八幡市
愛荘町
和邇宿
衣川宿
中山道
八日市宿
東近江市
守山市
野洲市
武佐宿
次ページ地図の範囲
守山宿
御代参街道
竜王町
岡本宿
石原宿
草津市
栗東市
日野町
京都
湖南市
鎌掛宿
大津宿
草津宿
石部宿
東海道
水口宿
三重県
京都府
大津市
甲賀市
土山宿
坂下宿
関宿
亀山宿

滋賀県地図

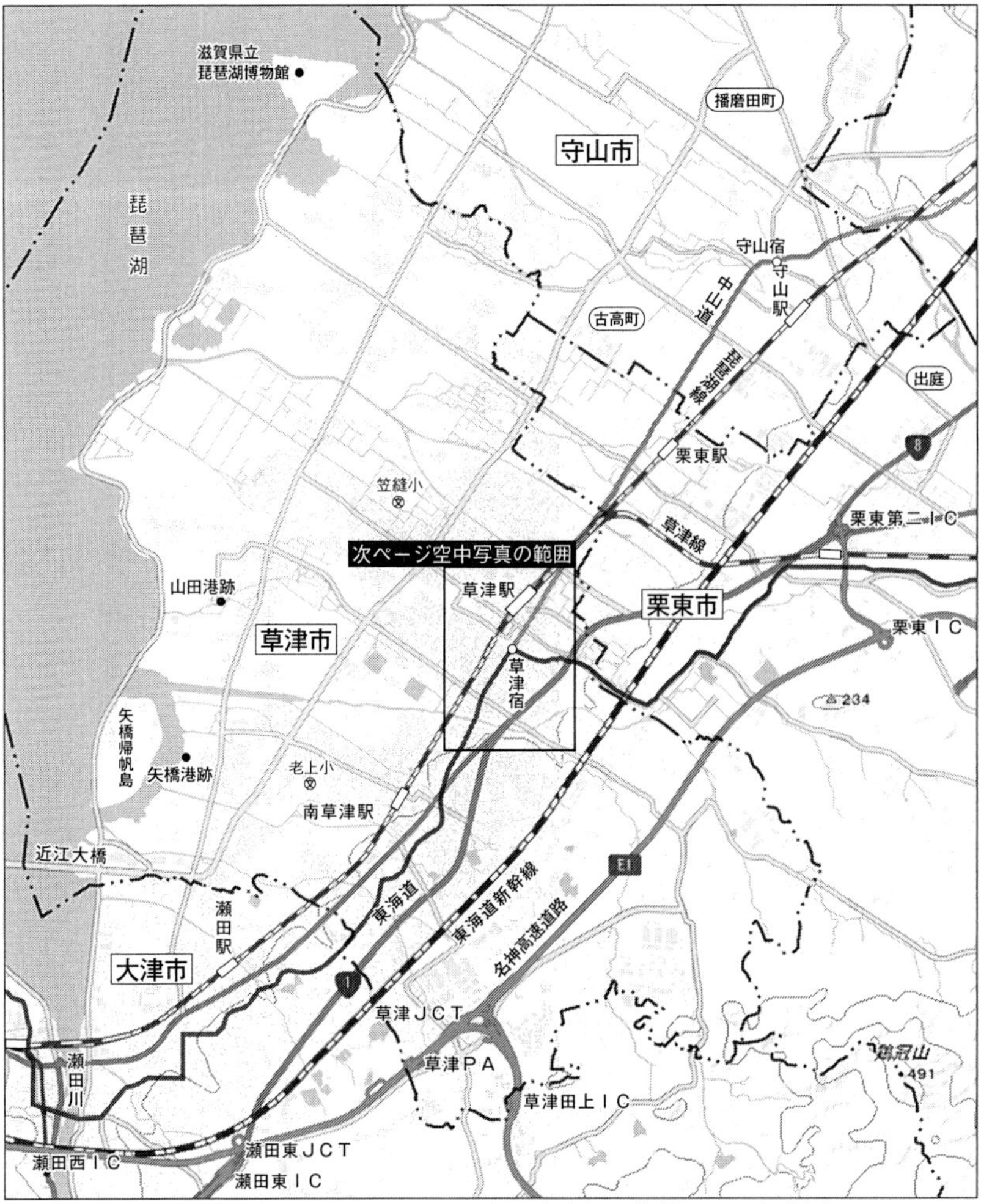

草津市地図（国土地理院サイトより　文字と旧街道ルートを追加）

草津町中心部空中写真
(昭和22年　米軍撮影　国土地理院サイトより　文字と旧街道ルートを追加)

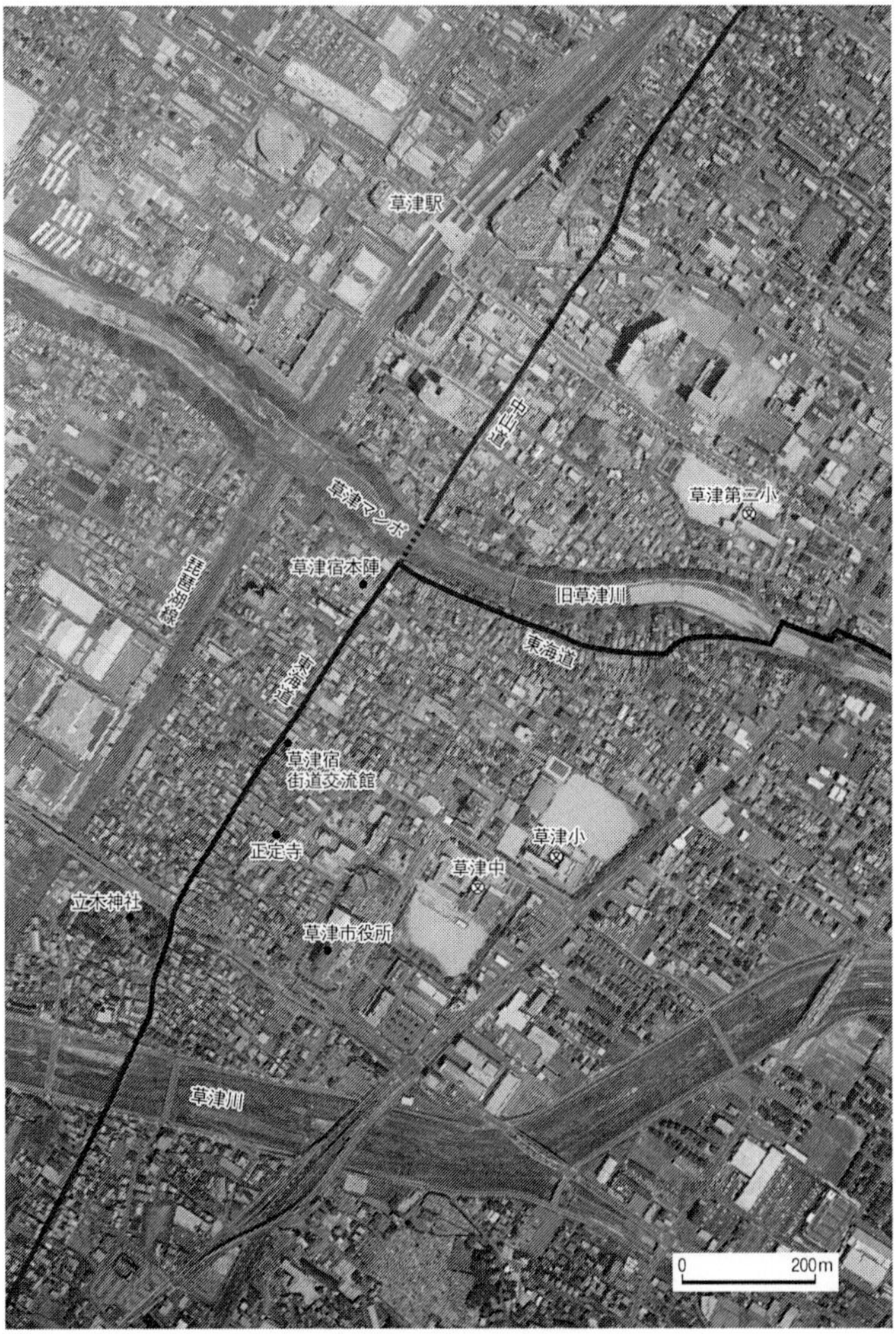

草津市中心部空中写真
（平成20年　国土地理院サイトより　文字と旧街道ルートを追加）

■著者略歴

青木健作（あおき・けんさく）
1935年、富山県生まれ。フリーライター。
著書に『西陣手織り一代 —西田小雪聞書き—』（地平社　1983年）、『雨のなかのコンサート —喜納昌吉 歌の風景—』（富士出版　1989年）、『五能線みちくさ紀行』（無明舎出版　2001年）、『「刈穂」という酒蔵を訪ねて』（無明舎出版　2003年）などがある。
青森県弘前市を拠点に執筆活動を行い、2010年死去。

草津本陣風土記《ふどき》 —田中房《ふさ》聞書き—　淡海《おうみ》文庫73

2024年５月10日　第１刷発行　N.D.C.289

著　者　青木　健作
発行者　岩根　順子
発行所　サンライズ出版株式会社
〒522-0004 滋賀県彦根市鳥居本町655-1
電話 0749-22-0627
印刷・製本　サンライズ出版

ISBN978-4-88325-815-4　Printed in Japan　定価はカバーに表示しています。
乱丁・落丁本はお取り替えいたします。

淡海文庫について

「近江」とは大和の都に近い大きな淡水の海という意味の「近（ちかつ）淡海」から転化したもので、その名称は「古事記」にみられます。今、私たちの住むこの土地の文化を語るとき、京都を意識した「近江」でなく、独自な「淡海」の文化を考えようとする機運があります。

これは、まさに滋賀の熱きメッセージを、自分の言葉で内外へ伝えようとするものであると思います。

豊かな自然の中での生活、先人たちが築いてきた質の高い伝統や文化を、今の時代に生きるわたしたちの言葉で語り、新しい価値を生み出し、次の世代へ引き継いでいくことを目指し、感動を形に、そして、さらに新たな感動を創りだしていくことを目的として「淡海文庫」の刊行を企画しました。

自然の恵みに感謝し、築き上げられてきた歴史や伝統文化をみつめつつ、今日の湖国を考え、新しい明日の文化を創るための展開が生まれることを願って一冊一冊を丹念に編んでいきたいと思います。

一九九四年四月一日